Vasyl Fedorak
Maryna Hylka

Desenvolvimento equilibrado da Ucrânia rural

Vasyl Fedorak
Maryna Hylka

Desenvolvimento equilibrado da Ucrânia rural

Problemas e perspectivas no contexto do processo de integração europeia

ScienciaScripts

Imprint

Any brand names and product names mentioned in this book are subject to trademark, brand or patent protection and are trademarks or registered trademarks of their respective holders. The use of brand names, product names, common names, trade names, product descriptions etc. even without a particular marking in this work is in no way to be construed to mean that such names may be regarded as unrestricted in respect of trademark and brand protection legislation and could thus be used by anyone.

Cover image: www.ingimage.com

This book is a translation from the original published under ISBN 978-3-659-85260-2.

Publisher:
Sciencia Scripts
is a trademark of
Dodo Books Indian Ocean Ltd. and OmniScriptum S.R.L publishing group

120 High Road, East Finchley, London, N2 9ED, United Kingdom
Str. Armeneasca 28/1, office 1, Chisinau MD-2012, Republic of Moldova, Europe
Managing Directors: Ieva Konstantinova, Victoria Ursu
info@omniscriptum.com

Printed at: see last page
ISBN: 978-620-8-36839-5

Conteúdo

Em memória de Hlib Pidlisetsky, um cientista excecional da economia agrária

Fedorak Vasyl, Hylka Maryna.

Desenvolvimento equilibrado da Ucrânia rural. Problemas e perspectivas no contexto do processo de integração europeia.

Foi examinada a situação atual do desenvolvimento rural na Ucrânia, os principais problemas que afectam o nível de vida da população rural e as causas que conduziram ao estado de recessão do desenvolvimento rural. Foi analisado o potencial de recursos das zonas rurais, incluindo os recursos naturais, recreativos, humanos e produtivos, bem como a situação e os problemas sociais da aldeia. Foram sugeridos os meios para assegurar o desenvolvimento equilibrado das zonas rurais. Para os utilizar, é necessário ter em conta o objetivo da UE posts, incluindo: a implementação do papel multifuncional da agricultura na sociedade através de programas especiais, tomando como base o programa SAPARD utilizado pela UE; a certificação das zonas rurais; a introdução nas zonas rurais dos padrões urbanos de qualidade de vida; a reorganização da administração pública na agricultura a todos os níveis e o auto-governo rural; a conceção e implementação dos programas de apoio ao desenvolvimento de cooperativas de crédito agrícola; a conceção e implementação dos programas de desenvolvimento de infra-estruturas sociais e de engenharia nas zonas rurais, a construção compacta integrada e a regulamentação das zonas rurais.

Introdução

O sector agrícola é o garante da segurança nacional, uma vez que é o fabricante de alimentos essenciais para a população, e a sua base principal é a aldeia, as zonas rurais. Neste contexto, o maior problema na Ucrânia é a justificação das melhores formas de desenvolvimento equilibrado das zonas rurais, que é de importância primordial, e a determinação das condições necessárias para o fazer. Ao mesmo tempo, a forma de definir o desenvolvimento das zonas rurais é equilibrar razoavelmente as suas esferas económica, social e ecológica, que correspondem aos principais vectores da política de desenvolvimento rural nos países membros da UE.

A importância do desenvolvimento equilibrado das zonas rurais é determinada, por um lado, pela crescente depressão da vida rural, pela tendência das populações rurais para a pobreza, pelo aumento das taxas de desemprego nas zonas rurais, pela ineficácia da gestão estatal na tentativa de resolver os problemas da aldeia e, por outro lado, pela crescente procura de benefícios objectivos da vida rural entre os habitantes urbanos. Por conseguinte, o problema reside também em melhorar o bem-estar dos residentes rurais e o nível de vida no campo em comparação com a cidade, preservando e multiplicando simultaneamente os benefícios comuns à aldeia em relação à cidade.

O objetivo deste estudo é analisar a aquisição do potencial de recursos das zonas rurais, o desenvolvimento rural e o nível de produção agrícola. Procuramos também analisar os principais aspectos da política agrícola no que respeita ao desenvolvimento rural nos países da UE; sugerir acções e disposições para assegurar o desenvolvimento equilibrado das zonas rurais, tendo em conta os parâmetros de referência da UE.

O objeto de investigação são as relações económicas que asseguram o desenvolvimento equilibrado das zonas rurais na perspetiva da integração europeia.

O objeto da investigação são os aspectos teóricos, metodológicos e práticos da avaliação do desenvolvimento equilibrado das zonas rurais.

O estudo baseia-se numa abordagem de sistemas e num conjunto de técnicas que garantem a implementação desta abordagem, nomeadamente, a análise, a síntese e a síntese lógica.

A base de informação do estudo são os actos legislativos e normativos-legais da Ucrânia, os trabalhos de académicos estrangeiros e nacionais, fontes de informação oficiais. Foram utilizados os dados analíticos e estatísticos do Ministério da Política Agrária da Ucrânia, do Comité Estatal de Estatística da Ucrânia, a literatura normativa e de referência e os resultados dos estudos dos próprios autores.

1. Zonas rurais na Ucrânia: problemas actuais

Tendo-se tornado um Estado independente, iniciou-se na Ucrânia o processo de transição da forma de gestão administrativa para a economia de mercado. Este processo foi acompanhado de uma crise económica e de processos de reestruturação e transformação em todas as esferas da economia nacional, incluindo o sector agrícola. As mudanças de transformação no sector agrícola foram de natureza fundamental. Incluíram também a sua otimização jurídica, organizacional e de produção; a reforma da propriedade foi realizada em particular. Foram criadas condições para o desenvolvimento do espírito empresarial e introduzidos incentivos estatais de apoio à produção agrícola. No entanto, estes processos não estavam claramente definidos, ocorreram num período de tempo relativamente curto e não tinham justificação científica. Isto levou a que, durante quase um quarto de século, os volumes de produção agrícola diminuíssem, os resultados das actividades das empresas agrícolas fossem insatisfatórios, o consumo fosse geralmente ineficaz ou ineficiente.

Assim, em 1990, o volume de produtos agrícolas ascendeu a 282774,2 milhões de UAH. UAH. Mas em 2000 diminuiu 46,6% em comparação com 1990 e totalizou 151022,2 milhões de UAH. UAH apenas. Em 2010, o volume de produtos agrícolas ascendeu a 194886,5 milhões de UAH, um aumento de 29,6% em comparação com 1990 e totalizou apenas 151022,2 milhões de UAH. UAH, um aumento de 29,0% em comparação com 2000. Mas, a partir de 1990, o nível de produção ainda não foi atingido. A tendência para o aumento foi observada nos anos seguintes. Em 2014, o volume da produção agrícola ascendeu a 251438,6 milhões de UAH. UAH. Este índice é superior ao registado em 2000 e 2010 em 66,5% e 29,0%, respetivamente, mas inferior ao de 1990 em 11,1% (Zhuk, 2015). O nível de rentabilidade das empresas agrícolas na Ucrânia em 2000 era de 1,0%, em 2010 era de 17,5%, embora as actividades financeiras de 30,4% das empresas agrícolas tenham terminado com prejuízo nesse ano. Em 2014, o número de empresas agrícolas cujas actividades não eram rentáveis diminuiu 15,2%, mas a rentabilidade das empresas agrícolas também diminuiu para 8,8% (Zhuk, 2015). Isto indica que a tendência para a produção ineficiente no sector agrícola se manteve.

Consideramos que o funcionamento ineficaz do sector agrícola da Ucrânia é causado por várias razões, entre as quais se destacam:

- ignorância das leis económicas objectivas;

- sistema não regulamentado de relações económicas;
- a fraca atratividade do sector agrícola em termos de investimento;
- fragmentação da esfera produtiva.

Por sua vez, o funcionamento ineficaz das empresas agrícolas está a causar o declínio das zonas rurais, uma vez que a produção agrícola é o coração da economia rural, que, infelizmente, tem um carácter monofuncional. Atualmente, a produção agrícola funciona apenas porque não existem outras actividades nas zonas rurais. O resultado é o baixo nível de emprego e de rendimento da população rural e a falta de interesse económico em viver e trabalhar nas zonas rurais.

Atualmente, na Ucrânia, a diferença entre a qualidade de vida nas cidades e no campo é notória, tanto do ponto de vista económico - o rendimento da população rural é várias vezes inferior ao rendimento da população urbana e a taxa de desemprego é várias vezes superior; do ponto de vista social - as infra-estruturas das zonas rurais estão quase completamente destruídas; do ponto de vista ambiental - as zonas rurais são utilizadas como aterros sanitários, poluídas pela utilização arbitrária de produtos químicos no processo de produção agrícola. Esta situação conduz a uma série de problemas socioeconómicos, demográficos e fenómenos negativos - a extinção de aldeias, o êxodo migratório da população das zonas rurais em busca de trabalho e de uma vida melhor, etc.

Para além do carácter monofuncional da economia rural, a situação de emergência das zonas rurais é também consequência do seguinte:

- falta de um programa estatal de desenvolvimento das zonas rurais, que seja justificado, totalmente equilibrado, apoiado por legislação e recursos financeiros específicos, destinado a proteger os interesses dos agricultores e dos fabricantes nacionais de produtos agrícolas;
- falta de um quadro jurídico e regulamentar sistemático para o desenvolvimento rural;
- falta de mecanismos adequados para o desenvolvimento rural segurança financeira implementação e normas do seu fornecimento com a necessária infraestrutura social, géneros alimentícios, acesso a valores culturais;
- formação imperfeita de uma base fiscal suficiente no terreno6 , não permitindo que as comunidades rurais sejam financeiramente auto-suficientes;
- falta de condições para o desenvolvimento de ramos de atividade alternativos e para a

sua maior diversificação nas zonas rurais;

- falta de sensibilização da população para a importância do desenvolvimento rural baseado na agricultura e para o progresso de todo o país.

Vários aspectos do desenvolvimento económico e social das zonas rurais têm sido estudados não só por economistas, mas também por outros académicos. Assim, os factores e padrões de ocorrência de diferenças territoriais nas estruturas sociais e a sua relação com o ambiente e a produção material são estudados pela geografia social (Honcharenko, 2008; Prisiazhnyy, 2011). A abordagem clássica da interação entre as áreas naturais e a esfera social está integrada no conceito de "influência social" de S. Podolynsky e no conceito de noosfera de V. Vernadsky (Kurdiumov, 1990; Nazarov, 1991; Nosonov, 2001; Razumov, 1998).

Entre os académicos e economistas nativos, os princípios do desenvolvimento rural multifuncional são estudados por Yu. Hubeni, T. Dudar, I. Irtyscheva, A. Klyuchnyk, O. Onyshchenko, I. Cherven, H. Cherevko O. Shebanina (Hubeni, 2007; Dudar, 2010; Onyshchenko e Yurchyshyn, 2006; Kliuchnyk, 2013; Cherevko, 2012); o desenvolvimento do capital humano na agricultura é considerado por M. Kalinchyk, M. Malik, O.Shubravska, V. Yurchyshyn (Kalinchyk, 2010; Malik, 2010; Bohynia, 2005; Diiesperov, 2006; Sulima, 2001); os problemas de adaptação da terra, das relações socioeconómicas e espaciais na agricultura são ponderados por M. Bohira, A. Krysak, I. Mykhasyuk, V. Sayko, A. Tretyak, M. Schuryk, H. Sharyy (Bohira, 2008; Krysak, 2010; Mykhasiuk e Kosovych, 2002; Saiko, 2007; Tretiak, 2009; Shchuryk, 2007; Sharyi, 2010); o desenvolvimento da base material e técnica das empresas agrícolas por Ya. Bilousko, M. Mohylova, H. Pidlisetskyy, O. Oliynyk, O. Petrykov, I. Levytska (Mohylova, Pidlisetskyi e Bilousko, 2012; Pidlisetskyi e Mohylova, 2010; Oliinyk e Kalashnikova, 2012; Petrykov, 2011; Levytska, 2010); os princípios de gestão social e económica do desenvolvimento das zonas rurais por P. Sabluk, V. Mesel-Veselyak, M. Demyanenko, M. Kropyvko, O. Bitter (Sabluk et al, 2011; Bitter, 2009) e outros. Os principais resultados da investigação sobre o desenvolvimento rural multifuncional, as zonas rurais e agrícolas, os princípios da gestão do desenvolvimento socioeconómico das zonas rurais, os aspectos estratégicos dos sistemas agrícolas socioespaciais foram apresentados nos seus trabalhos. A experiência do desenvolvimento rural nos países estrangeiros também foi analisada. No entanto, o declínio da Ucrânia rural e o número de problemas demográficos e sociais intimamente relacionados requerem um estudo mais aprofundado de vários aspectos desta questão no contexto da necessidade de implementar o conceito de desenvolvimento equilibrado e de reforçar o papel do Estado no apoio aos processos de reforço do nível de equidade do desenvolvimento especificado.

A influência decisiva no desenvolvimento das zonas rurais de cada macro ou micro-região é o seu potencial de recursos disponíveis. Os componentes do potencial de recursos são os recursos naturais, o capital humano e o capital industrial localizados na zona em questão e que podem ser utilizados para atingir esses objectivos. Além disso, o potencial de recursos é a base para o desenvolvimento da principal atividade das zonas rurais - a produção agrícola. Consideramos que a componente básica do potencial de recursos das zonas rurais são os recursos naturais. Estes actuam como um fator decisivo na formação da especialização da atividade económica.

2. Análise dos recursos naturais das zonas rurais

Na estrutura dos recursos naturais, o papel principal pertence aos recursos terrestres, especialmente às terras agrícolas, uma vez que a terra é um fenómeno espacial único que desempenha três funções. Em primeiro lugar, a terra actua como um recurso ambiental fundamental, que cria condições para a vida e a existência da população; uma base de colocação espacial das forças produtivas. Em segundo lugar, a terra é o principal meio de produção agrícola, que é simultaneamente um objeto e um meio de trabalho; bem como, em terceiro lugar, um poderoso fator de deteção e sensibilização para o papel e o lugar da terra na segurança económica, na história, na cultura e no desenvolvimento social do país. As questões de gestão do uso da terra e de posse da terra são cruciais para o sistema de relações agrárias, porque a terra é um recurso natural limitado e o sector agrícola é o principal monopólio natural. Além disso, as relações fundiárias são a filosofia central da economia como teoria do desenvolvimento da sociedade e da vida do indivíduo, a formação de laços económicos e jurídicos entre eles em várias combinações relacionadas com a utilização da terra.

Muitos académicos ucranianos defendem que a questão da utilização eficiente das terras na Ucrânia, em particular das terras agrícolas, é extremamente importante hoje em dia, uma vez que a reforma agrária está quase concluída. A terra passou a ser propriedade dos cidadãos e o efeito económico da gestão é reduzido (Bohira, 2008; Krysak, 2010; Mykhasiuk e Kosovych, 2002; Saiko, 2007; Tretiak, 2009; Shchuryk, 2007; Sharyi, 2010). Os factores institucionais têm um impacto particularmente destrutivo nos processos de utilização da terra, nomeadamente a falta de um sistema moderno de cadastro fundiário, a insuficiente ordenação institucional da propriedade comunal da terra em categorias separadas, a obscuridade dos direitos e poderes dos órgãos representativos em matéria de proteção e recuperação dos recursos fundiários, o subdesenvolvimento das instituições bancárias monetárias e financeiras que medeiam a rotação das terras agrícolas, o desequilíbrio sistémico de certas formas jurídicas de gestão ambiental agrária (cooperativas agrícolas, sector público, explorações agrícolas) (Krysak, 2010). Nestas circunstâncias, é necessário procurar formas de ultrapassar os problemas não só de gestão económica, mas também de exploração harmoniosa, recuperação e proteção dos recursos fundiários.

Ao analisar a aquisição de recursos pelas terras rurais, há que ter em conta o nível de disponibilidade de terras e, em particular, a disponibilidade de terras agrícolas. Em 2014, as superfícies das explorações agrícolas na Ucrânia ascendiam a 41511,7 mil hectares, ou seja, 68,8% da superfície terrestre total. A percentagem de lavoura na estrutura da exploração agrícola era de 78,4%, a percentagem de campos de feno e pastagens era de 5,8% e 13,1%, respetivamente (Zhuk, 2015).

Em 2014, 0,97 ha de terras agrícolas e 0,76 ha de terras aráveis correspondiam à quota-parte de um habitante da Ucrânia; estes valores excedem a média europeia, que corresponde a 0,4 ha e 0,2 ha, respetivamente (Shchuryk, 2007). No entanto, 3,12 ha de terras agrícolas e 2,44 ha de terras aráveis correspondiam a um habitante da Ucrânia rural. Este facto indica uma oferta suficiente de recursos fundiários para uma produção agrícola eficiente e para o emprego rural.

O elevado desenvolvimento das terras agrícolas e o solo arado são caraterísticas da Ucrânia. Assim, em 2014, a terra foi lavrada em 78,4%. Nos países desenvolvidos, o índice de lavoura é significativamente mais baixo - por exemplo, nos EUA é de 25%, em França 48%, na Hungria 37% (Shchuryk, 2007). Por um lado, o facto de as terras agrícolas serem muito aradas sugere que os recursos da terra são utilizados de forma intensiva na produção agrícola. No entanto, este valor tem o seu lado negativo, uma vez que a lavoura aumenta a crise ecológica. Consequentemente, as perdas anuais são de cerca de 600 milhões de toneladas de solo e 20 milhões de toneladas de húmus em particular (Saiko, 2007).

O processo de reforma do sector agrícola conduziu a uma redistribuição das terras entre as empresas agrícolas, as explorações agrícolas e as explorações camponesas (Quadro 1). Em 1990, as empresas agrícolas (explorações colectivas e estatais) utilizavam 93,5% das terras agrícolas e as explorações privadas de camponeses 6,5%. Em 2000, este índice era de 72,2% e 22,2%, respetivamente, e as explorações agrícolas recém-criadas obtinham 5,6% das terras agrícolas. Em 2010 e 2014, a situação mudou um pouco, e a proporção de terras agrícolas de empresas agrícolas e fazendas particulares era aproximadamente semelhante: 44,6% e 43,6% em 2010, 43,5% e 43,6% em 2014. A área de terras agrícolas detidas pelas empresas agrícolas ainda é pequena, no entanto, é caracterizada por uma tendência clara de aumento.

Os volumes da produção agrícola também sofreram algumas alterações. Assim, se em 1990 as empresas agrícolas produziram 70,4% da produção bruta, com a produção vegetal em 81,1% e a produção animal em 59,2%, em 2014 as empresas agrícolas produziram apenas

47,7% dos seus produtos, incluindo a produção vegetal em 49,3% e os produtos animais em 43,7%. Em 1990, as explorações camponesas produziam 29,6% dos bens agrícolas, incluindo a produção vegetal em 18,9% e os produtos animais em 40,8%. Em 2014, estes valores eram de 44,7%, 40,7% e 54,5%, respetivamente. A quota das explorações agrícolas na produção de bens agrícolas durante o período variou entre 2,1% em 2000 e 7,6% em 2014.

A estrutura e a composição das terras determinam a especialização da produção agrícola no país. As zonas de planície especializam-se na produção vegetal. As áreas montanhosas são, acima de tudo, adequadas para pastagens e campos de feno: portanto, prevalece a criação de carne e laticínios. Em 2014, a Ucrânia registou uma produção vegetal no valor de 175895,2 milhões de UAH. UAH e produtos de origem animal no valor de 76963.8 mill. UAH, o que representa 69,6% e 30,4% da produção agrícola.

Quadro 1

Dinâmica da distribuição das superfícies agrícolas e da produção agrícola pelos tipos de empresas no sector agrário da economia da Ucrânia

Formas de gestão agrícola	Área de terras agrícolas		Produção de produtos agrícolas**					
	milhares de hectares	%	Total		Incluindo:			
			moinho. UAH	%	colheita		pecuária	
					moinho. UAH	%	moinho. UAH	%
1990								
Total	41374	100,0	282774	100,0	145502	100,0	137272	100,0
Incluindo: empresas agrícolas	38705	93,5	199161	70,4	117938	81,1	81223	59,2
explorações agrícolas	-	-	-	-	-	-	-	-
explorações camponesas	2669	6,5	83613	29,6	27564	18,9	56049	40,8
20				**00**				
Total	38421	100,0	151022	100,0	92839	100,0	58183	100,0
Incluindo: empresas agrícolas	27720	72,2	54873	36,3	42888	46,2	11985	20,6
explorações agrícolas	2158	5,6	3125	2,1	2903	3,1	222	0,4
explorações camponesas	8543	22,2	93024	61,6	47048	50,7	45976	79,0
2010								
Total	36488	100,0	194886	100,0	124554	100,0	70332	100,0
Incluindo: empresas	16299	44,6	74123	38,1	55972	44,9	26151	37,2

agrícolas								
explorações agrícolas	4291	11,8	19966	10,2	10841	8,7	1125	1,6
explorações camponesas	15898	43,6	100797	51,7	57741	46,4	43056	61,2
2014								
Total	36418	100,0	251439	100,0	177708	100,0	73731	100,0
Incluindo: empresas agrícolas	15841	43,5	119870	47,7	87683	49,3	32187	43,7
explorações agrícolas	4708	12,9	19189	7,6	17847	10,0	1342	1,8
explorações camponesas	15869	43,6	112380	44,7	72178	40,7	40202	54,5

* Fonte: Calculado de acordo com (Zhuk, 2015).

** A preços constantes de 2010.

Analisando a produção agrícola, incluindo a produção vegetal e a pecuária, como a média per capita e por habitante urbano e rural durante 19902014 (Tabela 2), vemos que de 1990 a 2000 estes valores se caracterizaram por uma clara tendência para diminuir, e desde 2005 começaram a aumentar. Isto ocorreu devido ao facto de que de 1990 a 2000 a produção agrícola, incluindo a produção vegetal e a pecuária, diminuiu, e desde 2005 começou a aumentar gradualmente. No período em análise, a dimensão da população do país em geral e da população urbana e rural em particular caracterizou-se por uma clara tendência decrescente.

Quadro 2*

Dinâmica da produção agrícola na Ucrânia per capita

(a preços constantes de 2010, milhares de UAH)

Índice	1990	1995	2000	2005	2010	2014
Produtos agrícolas fabricados a uma taxa de						
- por residente médio anual	5,4	3,6	3,1	3,8	4,3	5,9
- por residente urbano	8,1	5,3	4,6	5,6	6,2	8,5
- por habitante rural	16,8	11,1	9,4	12,0	13,6	18,9
Produção vegetal fabricada a uma taxa de						
- por residente médio anual	2,8	2,1	1,9	2,4	2,7	4,2
- por residente urbano	4,1	3,1	2,8	3,6	4,0	6,0
- por habitante rural	8,7	6,4	5,8	7,6	8,7	13,3
Produtos animais fabricados a uma taxa de						
- por residente médio anual	2,6	1,5	1,2	1,4	1,5	1,7
- por residente urbano	3,9	2,2	1,8	2,0	2,2	2,5
- por habitante rural	8,2	4,7	3,6	4,3	4,9	5,5

* Fonte: Calculado de acordo com (Zhuk, 2015).

A eficiência da exploração agrícola é caracterizada pelo rendimento das culturas (quadro 3).

Quadro 3*

Dinâmica do rendimento das principais culturas nas explorações agrícolas de todas as formas de propriedade na Ucrânia

(cwt. obtida a partir de 1 ha)

Agricultura	1990	1995	2000	2005	2010	2014
Culturas de cereais e leguminosas para grão	35,1	24,3	19,4	26,0	26,9	43,7
trigo de inverno	40,2	30,1	20,0	29,0	27,1	40,2
trigo de primavera	30,2	16,9	15,4	21,8	21,0	38,1
Beterraba sacarina	275,7	204,7	176,7	248,2	279,5	476,5
Girassol	15,8	14,2	12,2	12,8	15,0	19,4
Batata	116,8	96,2	121,6	128,4	132,5	176,4
Legumes	149,0	120,2	112,3	157,1	173,6	207,8
Frutos e bagas	42,7	29,8	38,4	63,7	78,2	95,2

* Fonte: Calculado de acordo com (Zhuk, 2015).

Em comparação com 1990, o rendimento das culturas de cereais e leguminosas para grão aumentou 24,5% nas explorações agrícolas de todas as formas de propriedade em 2014; o rendimento das culturas de trigo de inverno não se alterou; o rendimento do trigo de primavera aumentou 26,2%; o rendimento da beterraba sacarina aumentou 1,7 vezes; o rendimento das batatas e dos produtos hortícolas aumentou 51% e 39,5%, respetivamente; o rendimento dos frutos e bagas aumentou 2,2 vezes, etc. Estes dados indicam que a eficiência das terras agrícolas ocupadas pelos principais tipos de culturas está a aumentar.

Entre os principais problemas da proteção dos recursos terrestres, destacam-se a redução dos nutrientes nos solos, a erosão hídrica do solo, a baixa irrigação e a recuperação de terras perturbadas. A aplicação regular de fertilizantes minerais e orgânicos é necessária para manter a fertilidade das terras aráveis. No entanto, devido à insuficiente segurança financeira das empresas agrícolas e da população rural, estas medidas não são realizadas na totalidade (Quadro 4). Assim, em 2014 foram aplicados fertilizantes químicos em 2,9 vezes menos do que o mesmo índice de 1990. A área cultivada com fertilizantes minerais diminuiu de 25,1 milhões de hectares em 1990 para 14,7 milhões de hectares em 2014, ou seja, 41,4%.

Quadro 4*

Dinâmica da fertilização de culturas em empresas agrícolas na Ucrânia

Índice	1990	2000	2005	2010	2014
Fértil mineral	**Iilizadores**				
Aplicado em nutrientes - total, milhares de toneladas	4241,6	278,7	557,9	1060,6	1469,0
Área fertilizada, mil. ha	25,1	4,6	7,8	12,6	14,7
A percentagem de superfícies fertilizadas, %	83	22	45	70	82
Aplicado em nutrientes em 1 ha de área semeada, kg	141	13	32	58	82
Pântano orgânico	**ilizadores**				
Aplicado em nutrientes - total, milhares de toneladas	257,1	28,4	13,2	9,3	9,9
Área fertilizada, mil. ha	5,4	0,7	0,5	0,3	0,4
A percentagem de superfícies fertilizadas, %	18	3	3	2	2
Aplicado em nutrientes em 1 ha de área semeada, t	8,6	1,3	0,8	0,5	0,5

* Fonte: Calculado de acordo com (Osaulenko, 20 14; Zhuk, 2015).

A situação é ainda pior no que respeita aos fertilizantes orgânicos. Em 1990, foram aplicados 257,1 milhões de toneladas de fertilizantes orgânicos e, em 2014, apenas 9,9 milhões de toneladas, ou seja, os fertilizantes orgânicos diminuíram quase 26 vezes. A área cultivada com fertilizantes orgânicos diminuiu 13,5 vezes.

Um dos recursos naturais mais importantes das zonas rurais, amplamente utilizado para a atividade económica, é a floresta. As madeiras são a base da silvicultura e da caça, o que pode resolver parcialmente o problema do emprego rural. A madeira é utilizada para satisfazer as necessidades do país em madeira serrada, que é a matéria-prima da indústria da madeira, da indústria da pasta e do papel e do artesanato. A floresta é também a fonte de abastecimento de cogumelos, bagas e plantas medicinais. Além disso, a floresta desempenha funções ambientais, de proteção do solo, de acumulação de água, de saúde e de lazer.

Em 2014, a área florestal na Ucrânia ascendia a 10630,3 mil hectares ou 17,6% da área terrestre total. 0,25 ha de floresta é devido per capita, 0,8 ha de floresta é a quota de um habitante rural. As florestas do país são irregulares. A maior parte da área florestal situa-se na Polésia (regiões de Zhytomyr, Rivne, Chernihiv e Volyn) - 3365,9 mil hectares ou 31,7% da área total de florestas; e nas zonas montanhosas dos Cárpatos (regiões de Ivano-Frankivsk, Lviv e Zakarpattia) - 2053,9 ha ou 19,3% da área total de florestas. As zonas menos arborizadas são as do sul da Ucrânia: Mykolayiv (124,6 mil de ha) e Kherson (152,1 mil de ha), e as regiões centrais do país, como os distritos administrativos de Zaporizhia (118,9 mil de ha), Kirovohrad (189,0 mil de ha) e Dnipropetrovsk (192,8 mil de ha) (Zhuk, 2015).

A reprodução de florestas de alto rendimento, a sua manutenção, proteção e conservação em conformidade com a legislação da Ucrânia é a principal função das empresas florestais. A análise da restauração florestal na Ucrânia em 1990-2014 (Quadro 5) mostra que a sua área de reprodução em 2014 aumentou 54,7% em relação a 1990.

Quadro 5*

Dinâmica dos principais indicadores da gestão florestal na Ucrânia

Índice	1990	2000	2005	2010	2014
Volume de bens, tarefas e serviços fornecidos pela fábrica de silvicultura. UAH		744,4	1991,1	4097,7	7739,9
Reprodução das florestas, milhares de ha	37,5	37,8	58,6	70,1	58,0
incluindo a plantação e a sementeira de madeiras	35,4	29,8	45,8	56.1	38,0
Área de exploração madeireira, milhares de ha	536,4	455,1	464,7	402,2	382,6

* Fonte: Calculado de acordo com (Zhuk, 2015).

Para além de cultivar os bosques, as empresas florestais dedicam-se à exploração de madeira fluida, quer através do abate principal, quer através da exploração madeireira, que está associada à gestão florestal. Em 2014, a área de exploração madeireira real diminuiu 28,7% em relação a 1990, o que é considerado um fenómeno positivo. A estabilização dos volumes de exploração madeireira tem um significado ecológico e social, uma vez que a floresta é um importante constituinte da natureza, um fator de estabilização do ambiente. A redução da desflorestação melhora o clima, aumenta a produtividade das terras agrícolas, o que constitui um aspeto importante do crescimento económico nas zonas rurais.

As florestas são o principal meio de caça. A caça e a silvicultura estão intimamente relacionadas: a sua gestão combinada permite utilizar os recursos florestais no seu melhor e empenhar-se plenamente na reprodução e preservação da valiosa fauna cinegética. Em 2014, a área total de zonas de caça na Ucrânia ascendia a 37,5 milhões de hectares e o número de empresas de caça a 1021 (Zhuk, 2015).

Os recursos hídricos, águas superficiais e subterrâneas, são outro tipo importante de recursos sem os quais não é possível o funcionamento de todos os tipos de produção agrícola e de áreas não produtivas no campo. A reserva total de água natural na Ucrânia compreende 94 km^3 num ano médio para o conteúdo de água, dos quais 56,2 km^3 estão disponíveis para utilização. A maior parte da água que é constantemente renovada cai no caudal do rio e constitui 85,1 km^3

, 60% da qual é formada na Ucrânia, 40% vem do estrangeiro.

A principal bacia hidrográfica europeia atravessa o território da Ucrânia. Os maiores rios da Ucrânia são os seguintes: o Dnipro, o Dnister, o Pivdenny Buh, o Siversky Donets, o Danúbio. A Ucrânia tem mais de 70 mil rios no total, mas apenas 117 deles têm mais de 100 km de comprimento. Existem mais de 20 mil lagos na Ucrânia, 43 dos quais têm uma área superior a 10 km .[2]

Para uma utilização parcimoniosa e racional dos recursos hídricos, é necessário incluir

- a introdução de sistemas de abastecimento de água e de drenagem invertidos;
- desenvolvimento e aplicação de normas de irrigação com base científica;
- substituição de unidades com arrefecimento a água por unidades com arrefecimento a ar;
- aplicação de um conjunto de medidas de proteção das águas superficiais e subterrâneas contra a poluição, etc.

As zonas rurais ucranianas caracterizam-se por um rico património histórico e arquitetónico, cultura, vida distinta, paisagens, recursos terapêuticos e recreativos. Os recursos naturais terapêuticos e recreativos das zonas rurais da Ucrânia são representados pelo clima, paisagem, água, recursos florestais, águas minerais medicinais, lama, ozocerite, etc., a maior parte dos quais se concentra na região do Mar Negro, nas zonas montanhosas e no sopé dos Cárpatos. A presença de recursos naturais e recreativos significativos cria as condições favoráveis para a expansão da rede existente de estâncias, spas, centros recreativos, o reforço do mercado de serviços recreativos e turísticos nas zonas rurais, o desenvolvimento de estâncias marítimas e de esqui em particular, o desenvolvimento do sector do turismo natural-cognitivo, que se baseia na criação da rede de percursos pedestres ambientais nas áreas de conservação. Isto facilitará também a resolução do problema do emprego da mão de obra libertada da produção agrícola. Dada a falta de investimentos em novos empregos, deve-se prestar mais atenção às esferas da economia que não requerem investimentos significativos para o desenvolvimento. Acreditamos que entre elas está o turismo rural ecológico, que está a espalhar-se cada vez mais pela Europa e pelo mundo. Para muitos aldeões, o turismo rural ecológico pode tornar-se uma atividade importante, pois será uma fonte de rendimento estável.

Na maioria dos países, o turismo rural ecológico é considerado como parte integrante de um desenvolvimento socioeconómico global da aldeia e como meio de resolver muitos problemas rurais. Na Ucrânia, o turismo ecológico também está a ser definido como uma forma específica de férias no campo, com a possibilidade de uma utilização mais ampla do potencial natural, material e cultural. Atualmente, a Ucrânia dispõe de um sistema de certificação ambiental voluntária e de categorização sob o título "The Green Farmstead". Baseado na experiência polaca, foi desenvolvido pela União Ucraniana para promover o turismo rural ecológico. O sistema de certificação e categorização baseia-se na doutrina de apoio às tradições populares e ao artesanato, à economia local, ao desenvolvimento de formas de entretenimento e recreação amigas do ambiente, à redução dos efeitos nocivos das instalações agro-turísticas no ambiente, etc.

Atualmente, os principais problemas do turismo rural ecológico para os turistas estrangeiros na Ucrânia são:

- baixo nível de qualidade e de conforto que é necessário para satisfazer as necessidades dos turistas;
- falta de conhecimento da língua;
- má comunicação com o tráfego (as estradas nas zonas rurais estão em muito mau estado);
- baixo nível de serviço;
- número insuficiente de ofertas turísticas integrais com produtos destinados ao novo tipo de turista;
- fraca sensibilização dos turistas para os hotéis e outras instalações de lazer;
- baixo nível de marketing, etc.

O desenvolvimento de direcções estratégicas de desenvolvimento da esfera recreativa e do turismo verde nas zonas rurais foi feito com base no exemplo dos recursos naturais e recreativos da região de Ivano-Frankivsk. Para o efeito, realizámos uma análise SWOT (Quadro 6) que determina as formas de implementação das medidas estratégicas.

É de notar que a região de Ivano-Frankivsk tem um potencial natural e recreativo significativo para o turismo ecológico. Caracteriza-se pela natureza pitoresca, pela sua boa preservação, pela história e cultura únicas e pelo elevado potencial recreativo e de melhoria da saúde. Estes critérios ajudaram a criar um fundo de reserva natural para satisfazer as exigências ecológicas, ambientais, educativas e estéticas modernas.

Um terço da região está coberto por florestas, que constituem 10% de todas as florestas da Ucrânia. A região é caracterizada por uma flora e fauna diversificadas; restam 120 espécies de plantas inscritas no Livro Vermelho da Ucrânia, em particular.

Entre os recursos naturais recreativos da região, destacam-se o clima favorável, as fontes minerais e os depósitos de lama terapêutica. As águas minerais do distrito são diversas na sua composição química. Nas terras altas contêm cloreto de sódio, carbono; o nível de mineralização é baixo como em "Naftusia". Em Peredkarpattia são compostas por cloreto de sódio e cálcio-sódio; nos territórios planos - iodo-bromo em pequeno grau e mineralização de sulfureto. Sabe-se que existem depósitos de lama terapêutica nos distritos de Horodenka, Dolyna e Rohatyn.

Quadro 6*

Análise SWOT do desenvolvimento do turismo recreativo e ecológico nas zonas rurais da região de Ivano-Frankivsk

Vantagens	**Desvantagens**
Localização geográfica e geopolítica	Condições não perfeitas de chegada, partida e transporte (mau estado das estradas, transportes)
Histórico-nacional-etnográfico particularidade da região	Programas insuficientemente considerados para promover a área do património etnográfico nacional
A presença de recursos naturais de lazer	Afetação desproporcionada das infra-estruturas ao nível territorial e administrativo
Disponibilidade de monumentos históricos e arquitectónicos, património histórico de cidades e aldeias, preservação da cultura e do artesanato	Degradação dos monumentos históricos, arquitectónicos e culturais
Estabilidade política da região, ausência de conflitos interétnicos e inter-religiosos	Operação antiterrorista em curso
A presença dos Cárpatos nas zonas montanhosas da região	Falta de informação sobre o território, falta de mapas turísticos, guias, produtos promocionais
Conhecimentos de receção	Baixo nível de qualidade do serviço
Reconhecimento nos mercados do lazer e do turismo, incluindo os internacionais	Falta de investimentos sustentáveis em actividades recreativas

Ambiente limpo, nível relativamente baixo de poluição do ar, das águas das terras altas e das florestas	Falta de argumentos científicos para estimular os processos de desenvolvimento da esfera recreativa e turística, falta de recursos financeiros para estudos de mercado e publicidade na área
Recursos humanos significativos, formação da comunidade profissional	Falta de serviços de garantia de qualidade, falta de pessoal profissional qualificado
Rede de transportes avançada	Falta de um conceito elaborado de desenvolvimento turístico na zona
Crescimento da qualidade e da gama de serviços recreativos e turísticos, tendência para aumentar o volume dos serviços prestados	Número insuficiente de itinerários turísticos desenvolvidos e realizados, mau estado dos itinerários turísticos
Reconhecimento do sector do lazer e do turismo como uma das prioridades do desenvolvimento rural	Imperfeição do quadro legislativo, regulamentar e jurídico no domínio do lazer e do turismo

* Fonte: desenvolvimento próprio dos autores

O Parque Natural Nacional dos Cárpatos faz parte das instalações turísticas naturais e recreativas da região de Ivano-Frankivsk. Está localizado perto do curso superior do rio Prut, com uma área de 50,3 mil hectares, o primeiro deste género na Ucrânia.

Também está situado o Parque Nacional "Hutsulshchyna" (30 mil hectares). Trata-se de um complexo natural único no território do distrito de Kosiv, com paisagens montanhosas espectaculares, florestas de faias, abetos e abetos, objectos hidrológicos, geológicos e paleontológicos únicos.

A reserva florestal de teixos de Knyazhdvir é a maior da Europa e situa-se no distrito de Kolomyia, na zona acima do rio Prut. A sua área é de 115 ha. Na reserva crescem mais de 300 mil árvores de teixo de todas as idades no meio de áceres, freixos, abetos e olmos.

Os locais turísticos mais atractivos da região de Ivano-Frankivsk incluem também os maciços e sistemas naturais de Chornohory e Gorgany, que fazem parte do Parque Natural Nacional dos Cárpatos. Em Gorgany conservam-se os espécimes da natureza primitiva. A área de conservação de 5344,2 ha está localizada na bacia do rio Bystrytsia Nadvirnianska. A maior parte da reserva (84,4%) está coberta por florestas de abetos, faias e abetos, abetos e abetos. Os picos das montanhas, as bermas das estradas, as encostas e os planaltos estão cobertos de placers de pedra, onde crescem pinheiros de montanha (Pinus mugo), bosques de pinheiros de cembra (Pinus cembra), a espécie registada no Livro Vermelho da Ucrânia.

Uma das mais famosas atracções turísticas de relíquias da natureza são "As rochas de

Dovbush", localizadas perto de Gorgany, aldeia de Bubnyshche, distrito de Dolyna. Cobertas de lendas, devido à sua estrutura geológica e, portanto, raras nos Cárpatos, as rochas estão situadas no fundo de uma bela paisagem, entre florestas mistas de faias, que as pessoas associam ao nome do lendário Oleksa Dovbush. O complexo de cavernas na aldeia de Bubnyshche é um objeto único com significado histórico, paisagístico e arqueológico, que deve ser objeto de uma investigação exaustiva e abrangente e obter o estatuto de monumento de importância universal.

Devido ao considerável potencial recreativo e à popularidade da zona junto dos turistas, nos últimos anos foram criadas zonas protegidas com objectivos multifuncionais - os parques paisagísticos regionais. Estes parques combinam as funções de preservação de complexos e objectos naturais, históricos e culturais e a criação de condições para um turismo eficaz, lazer e outras actividades recreativas in vivo. O mais famoso é o parque paisagístico regional "Dniester Canyon", que cobre uma área de 19 mil hectares ao longo do rio Dniester. Os monumentos naturais geológicos, botânicos, arqueológicos e hidrológicos estão aí reunidos como numa espécie de museu de estudo da natureza.

Atualmente, existem cinco estâncias turísticas na região de Ivano-Frankivsk: Kosiv, Tatariv, Yaremche, Vorokhta e a estância balnear de Cherche. Também funcionam 11 centros de saúde, 5 bases turísticas, 7 centros desportivos, 7 casas de repouso, 7 acampamentos, com mais de 400 km de rotas turísticas e educativas.

Os cenários naturais do Parque Natural Nacional dos Cárpatos são favoráveis ao desenvolvimento dos desportos de montanha. Em Vorokhta, realizam-se anualmente corridas de biatlo, esqui voador, esqui de fundo e provas duplas. Também se realizam aqui concursos de desportos de inverno. Em Vorokhta, é possível treinar saltos de esqui durante todo o ano. As pistas estão equipadas com relva artificial e elevadores de esqui. Foram construídas bases de esqui e alojamentos como "Vanguard", "Ukraine", "Zarosliak" para facilitar o desenvolvimento destes fascinantes tipos de desportos.

Considerando o número de monumentos arquitectónicos e urbanísticos, a região de Ivano-Frankivsk, uma das mais pequenas em termos de área e população, ocupa o terceiro lugar na Ucrânia. Existem atualmente 1360 monumentos sob proteção do Estado, incluindo 87 monumentos de importância nacional. A maior parte deles são monumentos de arquitetura de pedra e madeira, monumentos de construção pública e de habitação, centrados principalmente nas cidades históricas.

Monumentos tão antigos e valiosos como a Igreja de São Panteleimon em Halych (século XII), a Igreja do Espírito Santo com uma iconóstase artística em Rohatyn (século XVI), Manyavsky Skyt (século XVII), hutsul de madeira e igrejas boiko são conhecidos muito para além da Ucrânia.

Há cidades mencionadas em crónicas antigas, entre elas Tysmenytsia Snyatyn, Tlumach, Kolomyia. Mas a mais antiga é Halych, cuja primeira menção remonta ao ano 898. O parque-museu nacional "Halych Antiga" foi criado nas paisagens da Halych principesca.

Quatro mosteiros estão sob a proteção do Estado na região, nomeadamente Manyavsky Skyt, o antigo mosteiro fundado em 1611. Atualmente, combina as caraterísticas de um mosteiro e de um museu. Mosteiro Basiliano (séc. XVIII) em Hoshiv, distrito de Dolyna; convento Basiliano em Ivano-Frankivsk (1903 est.); antigo convento Basiliano em Rohatyn, atualmente utilizado como hospital.

As ruínas de quatro castelos foram preservadas na região: o castelo do século XVI na aldeia de Pniv, distrito de Nadvirna; os castelos do século XVII nas aldeias Rakovets e Chernelytsia, distrito de Horodenka e as ruínas do castelo Starostynsky (séculos XIV-XVIII) em Halych.

De particular interesse são os monumentos de construção industrial e de engenharia na região. Em primeiro lugar, um alto-forno único do séc. XIX no trato dos Anjos (perto da aldeia Yasin, distrito de Rozhniativ); salinas dos séculos XIX-XX em Dolyna e Bolekhiv. São as únicas do género na Ucrânia que sobreviveram até hoje, bem como a fábrica de cerveja estabelecida em Ivano-Frankivsk em 1767.

Os moinhos de madeira e as ferrarias permaneceram em Bohorodchany, Verkhovyna, Dolyna e noutros distritos. Entre as estruturas de engenharia, é necessário mencionar a ponte ferroviária em arco de pedra em Vorokhta, a ponte metálica sobre o Dniester em Halych e outras. Um monumento arquitetónico interessante é o observatório (1937) em Pip Ivan, no distrito de Verkhovyna.

Na região, 28 igrejas e 4 sinagogas estão sob a proteção do Estado. As igrejas, principalmente em estilo barroco, são marcadas pela monumentalidade e grandeza. As mais notáveis são a igreja dos Carmelitas (1624) na aldeia de Bilshivtsi, distrito de Halych; a igreja de 1760 em Horodenka; a igreja dos Bernardinos (1735) na aldeia de Hvizdets, distrito de Kolomyia; a igreja paroquial (1703) e a igreja jesuíta (1763) na praça Sheptytskyi em Ivano-Frankivsk, etc.

No entanto, os monumentos históricos mais valiosos da região são considerados as fundações da Catedral da Dormição (1157) na aldeia de Krylos e a Igreja de São Panteleimon (1200) na aldeia de Shevchenkove; ambas se situam no distrito de Halych.

Existem muitos museus na região de Ivano-Frankivsk que são mundialmente conhecidos. Em particular, o Museu Histórico e Memorial Oleksa Dovbush, situado na própria cidade de Ivano-Frankivsk. Os seus arquivos dão a conhecer aos visitantes Oleksa Dovbush, o lendário líder do movimento de libertação nacional nos Cárpatos. Além disso, é possível ver as exposições alargadas do museu, como "A revolta de libertação nacional dos camponeses ucranianos liderada por Ivan Mucha (século XVI)" e "Bohdan Khmelnytsky e Halychyna".

O Museu das Batalhas de Libertação da Região dos Cárpatos também está situado no centro da província. Oferece aos visitantes a oportunidade de observarem os objectos e documentos que abrangem o período do século XI ao século XX e que destacam os acontecimentos da luta secular de libertação dos ucranianos ocidentais, tanto os que vivem perto dos Cárpatos como os que vivem para além deles, pela independência contra os invasores estrangeiros. A maior parte da exposição exibe os documentos que revelam os terríveis factos do terror estalinista e do genocídio na região dos Cárpatos (o complexo memorial "Demyaniv Laz"). Apresentam aos interessados os capítulos dramáticos e gloriosos da história da luta da Legião dos Fuzileiros Sich Ucranianos (Ukrayinski sichovi stril'tsi (USS), dos insurrectos da República Nacional Ucraniana, dos combatentes da República Nacional Ucraniana Ocidental, da Organização dos Combatentes Nacionalistas Ucranianos e dos combatentes do Exército Insurreto Ucraniano pela independência no século XX.

O Museu Nacional de Arte Popular de Hutsulshchyna e Pokuttia em Kolomyia é um dos maiores e mais famosos museus etnográficos não só na Ucrânia, mas também na Europa e em todo o mundo. Está situado no edifício histórico da Casa Ucraniana, construído em 1880. A coleção deste museu contém cerca de 30 mil peças originais, monumentos da cultura material dos indígenas de Hutsul e Pokuttia, desde Trípoli até aos nossos dias. Este museu permite aos visitantes traçar a continuidade cultural do desenvolvimento étnico nas terras dos Cárpatos ucranianos ao longo dos últimos cinco mil anos e testemunhar a permanência fenomenal das tradições artísticas dos habitantes desta terra distinta.

O museu tem 18 salas de exposição construídas segundo um princípio cronológico e etnográfico. O ponto alto da exposição são as obras em metal e chifre de artistas Hutsul feitas com diferentes técnicas: gravura, incrustação, forja a quente, tecelagem e engorda. Uma coleção única do museu é constituída por brinquedos guardiões de queijo Hutsul com um claro simbolismo pagão eslavo antigo.

O museu ucraniano mais original também se situa na região de Ivano-Frankivsk. O museu Kolomyia "Pysanka" é um edifício único com a forma de uma pysanka gigante (13 m de altura). É Pokuttia e Hutsulshchyna, onde a pintura de ovos de Páscoa atingiu o mais alto nível de profundidade artística e filosófica da reflexão mundial. As exposições do museu Pysanka familiarizam toda a gente com a história antiga dos ovos de Páscoa, com as várias técnicas de pintura e com a variedade de motivos ornamentais dos ovos de Páscoa ucranianos.

Logo após a sua criação, outro museu na região de Ivano-Frankivsk ganhou fama como centro de peregrinação educativa e regional para os residentes da Ucrânia Ocidental. Trata-se do Museu Memorial Histórico de Stepan Bandera na sua "pequena pátria", na aldeia de Stary Uhryniv, distrito de Kalush. A exposição do museu mostra a vida e as actividades sócio-políticas de Stepan Bandera, o mais famoso líder dos nacionalistas ucranianos. Durante décadas, a sua personalidade foi o símbolo de todos os lutadores ucranianos pela independência no século XX.

Os "pequenos" museus de tradição local também pertencem ao "Boykivshchyna" e ao "Berehynia". A exposição do museu "Boykivshchyna" (Dolyna) dá a conhecer a natureza, a história e a cultura do Boykivshchyna dos Cárpatos, uma das terras etnográficas originais da Ucrânia. A exposição do museu "Berehynia" (Burshtyn) dá a conhecer a etnografia e a cultura popular original de Opillia, outro território histórico e geográfico da Ucrânia Ocidental.

Assim, as condições naturais, termais e de saúde, sanitárias e higiénicas favoráveis, a rede única e extensa de áreas protegidas da região de Ivano-Frankivsk proporcionam a possibilidade de formação de complexos recreativos, o desenvolvimento e a melhoria da indústria recreativa como o principal ramo de especialização da produção e a utilização prioritária dos recursos naturais da região.

Importa referir que outras regiões da Ucrânia são igualmente ricas em recursos naturais e recreativos. A região de Ivano-Frankivsk é tomada como exemplo para analisar as possibilidades do turismo rural ecológico. Após a realização da análise SWOT das vantagens e desvantagens reais do desenvolvimento do turismo recreativo e ecológico na região de Ivano-Frankivsk, identificámos as principais áreas de desenvolvimento estratégico do turismo recreativo e ecológico na Ucrânia.

Estes incluem:

- segurança jurídica e apoio organizacional para o desenvolvimento sustentável do turismo rural verde;
- o crescimento da quota-parte da produção total de bens e serviços em cada região;
- formar e manter a imagem da região na Ucrânia e no estrangeiro;
- Atração de investimentos e de capitais de empréstimo para o desenvolvimento das infra-estruturas das zonas rurais;
- ativação do espírito empresarial, desenvolvimento de empresas no sector do turismo;
- a utilização das funções económicas, sociais, sanitárias e outras do turismo para melhorar a qualidade de vida da população rural e criar novos empregos;
- restauro e preservação de monumentos históricos, culturais e arquitectónicos.

Deste modo, podemos assumir que as zonas rurais da Ucrânia possuem um potencial natural considerável (terra, floresta, água e recursos recreativos), que poderia assegurar o desenvolvimento equilibrado das zonas rurais e aumentar substancialmente o nível e a qualidade de vida da população rural, se fosse utilizado de forma mais completa e eficaz.

3. Análise dos recursos de mão de obra nas zonas rurais

A mão de obra direta desempenha um papel equivalente na produção agrícola, juntamente com os outros factores. É o portador dos recursos humanos.

Atualmente, os recursos de mão de obra nas zonas rurais da Ucrânia caracterizam-se por baixos rendimentos, baixa atividade de investimento, falta de oportunidades de emprego, migração de mão de obra e, consequentemente, uma grande proporção da população em idade não ativa incapaz de trabalhar para o bem-estar da aldeia, a incerteza da previsão das necessidades do mercado de trabalho em termos de competências em determinadas profissões e qualificações, etc.

Infelizmente, atualmente, o problema da pobreza da população rural atingiu o seu ponto crítico. De acordo com os peritos, 40% dos agricultores não são capazes de assegurar a sua subsistência. E isto apesar do facto de os habitantes das zonas rurais serem os proprietários da maior riqueza nacional, a terra. Todos estes factores influenciam a situação demográfica nas zonas rurais. Por sua vez, a situação demográfica é um dos principais factores que afectam a reprodução dos recursos de trabalho das empresas agrícolas.

No quadro 7, pode observar-se que, em 2014, a população da Ucrânia, em comparação com 1990, diminuiu 17,3%, incluindo a população rural, que diminuiu 21,4%. Durante todo o período em estudo, assistimos a uma diminuição da população rural, que em 2014 representava cerca de um terço da população total disponível na Ucrânia, o que indica uma tendência demográfica negativa.

Entre a população rural, a taxa de natalidade mais baixa e a taxa de mortalidade mais elevada foram observadas em 2005. Desde 2006, a taxa de natalidade começou a aumentar entre a população total e a rural em particular. Este facto é explicado por um aumento significativo do volume de financiamento à natalidade pelo Estado em 2005. No entanto, é de notar que em 2014, em comparação com 2010, a taxa de natalidade entre a população rural diminuiu novamente devido ao agravamento da crise económica no país. A taxa de letalidade entre a população rural do mesmo período é caracterizada por uma clara tendência de diminuição; acreditamos que se trata de algumas mudanças positivas. Ainda assim, um fator negativo é o facto de o número de óbitos nas áreas rurais ter prevalecido sobre a taxa de natalidade durante todo o período de estudo. O crescimento natural negativo da população demonstra que a população rural da Ucrânia durante o período 1990-2014 se caracterizou por um tipo de propagação limitado. Acredita-se que a baixa taxa de natalidade e o elevado nível de mortalidade são as principais causas da crise demográfica na Ucrânia, o que influencia negativamente não só a reprodução dos recursos laborais das empresas agrícolas, mas também pode constituir uma ameaça para a segurança nacional. Há muito que se sabe que a elevada taxa de mortalidade da população de qualquer país afecta o seu desenvolvimento como um todo. Assim, em 1526, Nicolau Copérnico, um cientista famoso, no tratado sobre as causas do declínio do Estado, destinado ao rei polaco Sigismundo, apontou a elevada taxa de mortalidade como uma das principais razões para tal (Cherevko, 2006).

Quadro 7*

Evolução das principais taxas demográficas na Ucrânia

Índice	1990	2000	2005	2010	2014	2014 em % de 1990
Dimensão da população - total, milhões de pessoas	51,9	48,9	46,9	45,8	42,9	82,7
incluindo: urbano, milhões de pessoas	35,1	32,9	31,9	31,5	29,7	84,6
rural, milhões de pessoas	16,8	16,0	15,0	14,3	13,2	78,6
Dimensão da população rural em % da população atual	32,4	32,7	32,0	31,2	30,8	-
Número de nascimentos - total, milhões de pessoas	657,2	385,1	426,1	497,7	465,9	70,9
incluindo: no campo, milhares de pessoas	214,4	147,1	141,8	171,1	161,7	75,4
Número de nascimentos nas zonas rurais em % do total de nascimentos	32,6	38,2	33,3	34,4	34,7	-
Taxa de maternidade, %	1,3	0,8	0,9	1,1	1,1	-
Taxa de maternidade da população rural, %	1,3	0,9	0,9	1,2	1,2	-
Número de mortes - total, milhares de pessoas	629,6	758,1	782,0	698,2	632,3	100,4
incluindo: no campo, milhares de pessoas	272,5	301,0	310,4	267,1	240,6	88,3
Número de mortes nas zonas rurais em % do total de mortes	43,3	39,7	39,7	38,3	38,1	-
Taxa de letalidade, %	1,2	1,6	1,7	1,5	1,5	-
Taxa de letalidade da população	1,6	1,9	2,1	1,9	1,8	-

rural, %						
Aumento natural da população total, milhares de pessoas	-27,6	-373,0	-355,9	-200,5	-166,4	-
incluindo: no campo, milhares de pessoas	-58,1	-153,9	-168,6	-96,0	-78,9	-

* Fonte: Calculado de acordo com (Zhuk, 2015).

A oferta de recursos de mão de obra para as empresas agrícolas é diretamente afetada pelo número de pessoas que vivem nas zonas rurais. Assim, em 2014, a proporção da população rural na estrutura da população da Ucrânia era de 30,9% (Quadro 8). Para comparação, em 1914 a população da Ucrânia ascendia a 35,2 milhões de pessoas, incluindo a população rural 28,4 milhões de pessoas, o que representava 80,7% (Zhuk, 2015).

Quadro 8*

População nas regiões da Ucrânia, 2014

Região	Dimensão da população - total, milhares de pessoas	incluindo:, milhares de pessoas		Dimensão da população rural em % da população total
		população urbana	população rural	
Ucrânia	**42929,3**	**29673,1**	**13256,2**	**30,9**
República Autónoma da Crimeia				-
área:				
Vinnytsia	1610,6	814,8	795,8	49,4
Volyn	1042,9	545,4	497,5	47,7
Dnipropetrovsk	3276,6	2740,0	536,6	16,4
Donetsk	4297,2	3895,6	401,6	9,3
Zhytomyr	1256,0	737,7	518,3	41,3
Zakarpattia	1259,6	467,3	792,3	62,9
Zaporizhia	1765,9	1362,3	403,6	22,9
Ivano-Frankivsk	1382,6	602,7	779,9	56,4
Kiev	1729,2	1075,2	654,0	37,8
Kirovogrado	980,6	615,1	365,5	37,3
Luhansk	2220,2	1928,3	291,9	13,1
Lviv	2537,8	1547,0	990,8	39,0
Mykolayiv	1164,3	792,9	371,4	31,9

Odessa	2396,4	1603,1	793,3	33,1
Poltava	1449,0	895,7	553,3	38,2
Rivne	1161,2	554,2	607,0	52,3
Sumy	1123.4	768,4	355,0	31,6
Ternopil	1069,9	475,8	594,1	55,5
Carcóvia	2731,3	2200,6	530,7	19,4
Kherson	1067,9	653,5	414,4	38,8
Khmelnytsky	1301,2	730,3	570,9	43,9
Cherkasy	1251,8	710,1	541,7	43,3
Chernivtsi	910,0	390,3	519,7	57,1
Chernihiv	1055,7	678,8	376,9	35,7

* Fonte: Calculado de acordo com (Zhuk, 2015).

Apesar de a Ucrânia ser um país agrário, apenas em cinco regiões, nomeadamente Zakarpattia, Ivano-Frankivsk, Rivne, Ternopil e Chernivtsi, a proporção de habitantes rurais na estrutura populacional da região é superior a 50%. A população rural mais pequena está concentrada nas regiões de Donetsk, Luhansk e Dnipropetrovsk: 9,3%, 13,1% e 16,4%, respetivamente. É também de referir que a rede de povoamento na Ucrânia durante o período em estudo diminuiu em 355 localidades habitadas, e a percentagem de aldeias com população até 100 habitantes (o chamado grupo de risco) aumentou de 20% para 24%.

Atualmente, podemos afirmar que se formou uma imagem de falta de atratividade da mão de obra agrícola na Ucrânia. A base da força de trabalho do sector agrícola é a população rural em idade ativa. No entanto, esta classe de população é dominada pela migração, pela falta de vontade de trabalhar na agricultura e pela procura de formas mais atractivas de obtenção de lucros. A migração da parte economicamente ativa da população rural, aquela que está em idade de ter filhos, aumenta a taxa de envelhecimento da população, menos casamentos e filhos nas zonas rurais, o que, por sua vez, afecta negativamente a fase de distribuição dos recursos laborais das empresas agrícolas.

Em 2014, a população economicamente ativa em idade ativa que vivia nas zonas rurais constituía 5482,5 mil pessoas, ou seja, 28,8% da população economicamente ativa em idade ativa do país, das quais 10,2% ou 558,1 mil estavam desempregadas. 3091,4 mil pessoas estavam envolvidas na produção agrícola, ou seja, 56,4% da população rural economicamente ativa em idade ativa e 17,1% da população empregada em todos os sectores económicos

(Zhuk, 2015). Um pequeno número de pessoas envolvidas na produção agrícola recai sobre aqueles que são os empregados a tempo inteiro das empresas agrícolas. Assim, em 2014, o número médio de empregados a tempo inteiro das empresas agrícolas ascendia a 518 mil pessoas, ou seja, 16,8% da população envolvida na produção agrária. O número de trabalhadores com idades compreendidas entre os 15 e os 35 anos era de 115,2 mil pessoas (25,3%). Além disso, o número de funcionários das empresas agrícolas é caracterizado por uma tendência a diminuir: em 2014, em comparação com o ano de 2010, diminuiu 22,9%.

O número de trabalhadores do sector agrícola nos países desenvolvidos também está a diminuir devido a um aumento significativo da mecanização e da intensificação da produção, o que, por sua vez, promove o aumento da eficiência do trabalho. Devido ao elevado nível de apoio técnico, menos trabalhadores do sector agrícola são capazes de produzir mais bens. Assim, um trabalhador nos EUA produz alimentos para mais de 150 cidadãos, enquanto na Ucrânia este número não excede 12-13 pessoas.

O principal indicador que reflecte o impacto da utilização complexa de todos os recursos da empresa, incluindo a mão de obra, e é determinado pelo número de produtos produzidos por um trabalhador médio é a produtividade do trabalho (Quadro 9). Assim, o desempenho é influenciado por factores técnicos e tecnológicos, organizacionais, económicos e socioeconómicos.

Analisada a produtividade nas empresas agrícolas, verifica-se que esta se caracteriza pela tendência de aumento durante o período em estudo. Assim, em 2014, comparativamente a 1995, a produtividade do trabalho da produção agrícola aumentou em 7,5 vezes, a produtividade na lavoura e na pecuária em 5 vezes e em 12,7 vezes, respetivamente. Ainda assim, é de realçar que o aumento da eficiência do trabalho ocorreu não só devido ao crescimento do valor bruto da produção (a produção do produto bruto do sector agrícola aumentou 39,8%, a produção do produto bruto vegetal 56,2%, a produção do produto bruto animal 5,1%), mas também como resultado da diminuição do número de trabalhadores empregados na indústria agrária. Assim, em 2014, o número de trabalhadores empregados na produção agrícola diminuiu 5,4 vezes em relação a 1995.

Quadro 9*

Evolução da produtividade do trabalho nas empresas agrícolas da Ucrânia *(para 1 empregado na produção agrícola, a preços de empresa de 2010, UAH)*

Produtividade do trabalho	1990**	1995	2000	2005	2010	2014
total	50388,5	30254,8	27066,9	72621,9	132680,4	227753,4
incluindo: cultura	59554,9	45822,2		86198,1	133603,0	228884,7
pecuária	41184,4	17596,0		47992,8	130473,7	224105,1

* Fonte: Calculado de acordo com (Zhuk, 2015).

** 1990 - milhões de rublos

Um dos principais indicadores do desenvolvimento social é o nível dos salários e emolumentos, que continuam a ser a principal fonte de rendimento da maioria das pessoas. Os salários muito baixos são a principal razão para a redução do número de trabalhadores do sector agrícola (quadro 10).

Quadro 10

Dinâmica do salário nominal médio mensal dos trabalhadores a tempo inteiro por actividades económicas na Ucrânia

Tipo de atividade económica	2010	2011	2012	2013	2014	
					UAH	em % da média em toda a Ucrânia
Em média, na Ucrânia	**2239**	**2633**	**3026**	**3265**	**3480**	**100,0**
Agricultura	***1472***	***1853***	***2086***	***2340***	***2556***	***73,4***
Indústria	2570	3107	3478	3763	3988	114,6
Construção	1758	2270	2516	2702	2860	82,2
Comércio	1877	2342	2704	3010	3439	98,8
Transporte	2658	3072	3412	3589	3768	108,3
Informação e Telecomunicações	3161	3683	4286	4599	5176	148,7
Actividades financeiras e de seguros	4638	5377	6012	6275	7020	201,7
Actividades imobiliárias	1856	2181	2356	4465	3090	88,8
Gestão pública	2722	3036	3415	3702	3817	109,7
Educação	1905	2079	2530	2700	2745	78,9
Prestação de outros serviços	1717	2056	2618	2707	3361	96,6

* Fonte: Calculado de acordo com (Zhuk, 2015).

Depois de analisar os salários nominais médios dos trabalhadores a tempo inteiro em todas as actividades económicas na Ucrânia em 2010-2014, verificamos que foram os mais baixos no sector agrícola durante o período em estudo. Em 2014, os salários no sector agrícola eram 26,6% inferiores à média em toda a Ucrânia, 2 vezes inferiores ao salário no sector da informação e das telecomunicações e 2,7 vezes inferiores aos salários no sector dos serviços financeiros e de seguros.

Os salários extremamente baixos praticados nas empresas do sector agrícola são uma das principais causas da baixa motivação da mão de obra agrícola. É óbvio que, com uma tal remuneração do trabalho, não se pode esperar um afluxo significativo de trabalhadores economicamente activos e qualificados para este sector industrial.

O resultado do declínio da produção agrícola e dos baixos salários dos trabalhadores do sector agrícola é um atraso significativo no cumprimento das normas de consumo de géneros alimentícios de base com base científica. A análise do consumo de produtos alimentares básicos por pessoa e por ano indica que o mercado agroalimentar ucraniano funciona com uma baixa procura de quase todos os géneros alimentícios pela esmagadora maioria das pessoas (Quadro 11).

Tabela 11*

Dinâmica do consumo de géneros alimentícios de base na Ucrânia

(por pessoa e por ano)

Produtos alimentares	1990	1995	2000	2005	2010	2014			Racional** norma
						em média	nas cidades	nas aldeias	
Carne e produtos à base de carne, kg	68	39	33	39	52	54	57	47	80
Leite e produtos lácteos, kg	373	244	199	226	206	223	224	220	380
Ovos, pcs.	272	171	166	238	290	310	310	279	290
Peixe e produtos de peixe, kg	17,5	3,6	8,4	14,4	14,5	11,1	11,1	11,1	20
Açúcar, kg	50	32	37	38	37	36	35	40	38
Óleo, kg	11,6	8,2	9,4	13,5	14,8	13,1	13,1	13,1	13
Batatas, kg	131	124	135	136	129	141	118	182	124
Produtos hortícolas, kg	102	97	102	120	144	163	161	168	161
Frutas, kg	47	33	29	37	48	52	59	36	90
Pão e	141	128	125	124	111	109	99	129	101

produtos de panificação, kg									

* Fonte: Calculado de acordo com (Zhuk, 2015).

** De acordo com a terminologia do Ministério da Saúde da Ucrânia "O conjunto provisório de géneros alimentícios de base e produtos alimentares para a média per capita para 2005-2015".

Tendo analisado o consumo de tipos básicos de alimentos em 1990-2014, vemos que em 2014, em comparação com 1990, o consumo de produtos tão importantes para o corpo humano como carne, leite e peixe reduziu significativamente, incluindo o consumo de carne e produtos à base de carne diminuiu 20,6%, leite e produtos lácteos em 40,2%, peixe e produtos de peixe em 36,6%, o consumo de açúcar também diminuiu 28% e o pão e produtos de panificação em 22,7%. No entanto, registou-se um aumento do consumo de ovos em 14%, de óleo em 12,9%, de batata em 7,6%, de legumes em 59,8% e de fruta em 10,6%. Além disso, em 2014, comparámos o consumo de alimentos básicos nas cidades e nas aldeias, e verificámos que os habitantes das zonas rurais comiam menos carne, leite, ovos e legumes, mas mais açúcar, batatas, legumes e pão.

Tendo considerado as formas em que o consumo real de alimentos é semelhante ou diferente das normas racionais aprovadas pelo Ministério da Saúde da Ucrânia, vemos que o consumo de tipos básicos de alimentos se desvia significativamente das taxas de consumo eficientes (recomendadas), tanto em média a nível nacional como em termos de assentamentos urbanos e rurais. Além disso, o consumo dos principais tipos de alimentos nas zonas rurais é inferior não só às normas racionais de consumo, mas também ao nível de consumo nas cidades e ao consumo médio em todo o país. Assim, o consumo de carne, leite, peixe e legumes durante o período em estudo foi inferior às taxas recomendadas. Particularmente em 2014, os aldeões consumiram menos carne do que os padrões racionais permitem em 41,3%, leite em 42,1%, peixe em 44,5%, frutas em 2,5 vezes. Ao mesmo tempo, consumiram mais batatas em 46,8%, legumes em 4,3%, açúcar em 5,3% e pão em 27,7%. Esta tendência confirma a depressão económica no país, quando, devido a um aumento substancial dos preços dos produtos alimentares, a população foi forçada a limitar a sua ingestão diária. Consequentemente, as pessoas começaram a consumir mais produtos de padaria baratos, ovos, batatas e legumes. Ou seja, asseguram as suas próprias necessidades energéticas através do consumo de produtos de baixo custo (acessíveis), o que indica um desequilíbrio na nutrição.

A influência positiva na melhoria da eficiência das empresas agrícolas tem uma estrutura de pessoal adequada dos trabalhadores, a sua qualificação e composição profissional. O nível de educação dos trabalhadores é uma componente importante do potencial de trabalho, que determina o estado de desenvolvimento económico das empresas agrícolas e afecta diretamente a sua competitividade. Infelizmente, entre o número total de pessoas empregadas na produção agrícola em 2014, apenas 14,9% dos funcionários tinham ensino superior, 1,8% melhoraram suas habilidades e 0,7% dos funcionários treinaram outras profissões (Zhuk, 2015). As razões para o declínio da qualidade e do nível de educação dos jovens rurais ao longo da última década e o aumento da percentagem de populações rurais com apenas o ensino básico são, segundo se crê, o baixo nível de vida da população rural, a difícil situação financeira, o mau estado das escolas secundárias, etc.

Em conclusão, devemos notar que existe atualmente na Ucrânia uma clara tendência para reduzir a mão de obra envolvida na produção agrícola. A principal razão é o baixo nível dos salários no sector agrícola, bem como a natureza sazonal da produção, a falta de infra-estruturas, a falta de um mercado de trabalho desenvolvido, o que, por sua vez, leva a um aumento da migração rural, especialmente entre as pessoas em idade ativa, à redução dos casamentos e da natalidade, ao aumento das pessoas em idade ativa incapazes de trabalhar para o bem-estar dos territórios rurais, etc. De um modo geral, esta situação, que ainda está em curso, provocou um agravamento da crise demográfica nas zonas rurais da Ucrânia, o que afecta o desenvolvimento do país no seu conjunto. Se este processo continuar, pode constituir uma ameaça para a segurança nacional.

4. Análise dos recursos produtivos das zonas rurais

Atualmente, podemos afirmar que o sector agrícola da Ucrânia foi suficientemente dotado de potencial natural e de mão de obra. No entanto, continua a haver uma provisão insatisfatória de recursos industriais, incluindo activos fixos. A maioria dos académicos que estudam a formação e a eficiência da reprodução dos activos fixos das empresas agrícolas na Ucrânia concordam que, atualmente, a aquisição de activos fixos não é satisfatória em termos quantitativos e qualitativos (Cherevko, 2012). É igualmente salientado o facto de a percentagem dos activos de capital na estrutura do capital de exploração no sector agrícola ser muito inferior à normativa, que, de acordo com as normas técnicas, deveria ser de 40%, incluindo a produção de determinados produtos agrícolas - 20-40% (Mohylova, Pidlisetskyi e Bilousko, 2012). Assim, se em 2000 a percentagem de activos fixos das empresas agrícolas na estrutura dos activos permanentes em todos os tipos de atividade económica era de 11,6%, 5,9% em 2005, caiu para 1,7% em 2010 e para 1,5% em 2014 (Zhuk, 2015; Osaulenko, 2014). Como vemos, há uma clara tendência descendente na proporção de activos fixos de empresas agrícolas na estrutura de activos permanentes em todos os tipos de atividade económica durante o período em análise. No período de 2000 a 2007, os activos fixos das empresas agrícolas diminuíram 20%. A partir de 2008, assiste-se a uma tendência para o aumento dos activos fixos. Assim, em comparação com 2008, os activos fixos das empresas agrícolas aumentaram 61,4% em 2014, em comparação com 2000, 57,1% (Zhuk, 2015; Osaulenko, 2014).

Durante o período em análise, observámos a tendência para aumentar o custo dos novos activos fixos implementados. Em 2000, esse custo ascendia a 3067 milhões de UAH. UAH em 2000, em 2005 aumentou em mais de 2 vezes e ascendeu a 6389 mill. UAH. Em 2014, em comparação com 2000, o custo imposto de novos activos fixos aumentou 4,9 vezes e ascendeu a 14931 milhões de UAH. UAH (Osaulenko, 2014; Zhuk, 2015). No entanto, o grau de depreciação dos activos fixos nas empresas agrícolas é elevado. Por exemplo, em 2000 o grau de depreciação foi de 48,3%, em 2005 de 50,6%, em 2014 de 35,4%, ou seja, mais de um terço do capital original das empresas agrícolas foi depreciado (Osaulenko, 2014; Zhuk, 2015). Embora tenhamos observado a redução do grau de depreciação do capital durante o período em estudo, mas a sua tendência não tem uma natureza nitidamente delineada.

Analisando os principais índices de dotação das empresas agrícolas com os activos permanentes (Quadro 12), verificamos que durante o período houve uma tendência de aumento. Contrariamente a 2000, o rácio de capital aumentou em 7,2 vezes, em 2014, a dotação de capital da produção agrícola aumentou em 51,3%. No entanto, é de salientar que este crescimento ocorreu devido a factores extensivos. Assim, o crescimento do rácio de capital deveu-se ao facto de, durante o período, o número de empregados ter diminuído 4,6 vezes, enquanto o valor dos activos fixos aumentou apenas 57,1%, ou seja, a taxa de declínio do número de empregados do sector agrícola ultrapassou significativamente o crescimento dos activos fixos.

Quanto aos índices de eficiência dos activos fixos, é de notar que se encontram a um nível baixo. Assim, durante o período, o rácio capital-produto aumentou 50%, embora não se tenha observado uma tendência distinta para o seu crescimento. O rácio capital-produto foi o mais elevado em 2005, devido ao baixo custo dos activos fixos. O nível de rentabilidade dos activos permanentes em 2014, em comparação com 2005, aumentou apenas 2,1 pontos.

Quadro 12

Evolução dos índices de segurança e eficiência dos activos fixos das empresas agrícolas ucranianas

Índice	¥4" 2000	2005	2010	2014	2014 em % até 2000
Rácio de capital, milhares de UAH	34,7	52,1	138,1	249,9	720,2
Fornecimento de capital por 100 ha de terras agrícolas, milhares de UAH	241,8	195,5	280,9	365,8	151,3
Rácio capital-produto, UAH	0,6	1,0	0,8	0,9	150,0
Nível de viabilidade económica dos activos fixos, %	-	11,4	15,5	13,5	-

* Fonte: Calculado de acordo com (Osaulenko, 2014; Zhuk, 2015).

** Foi analisado o período a partir de 2000. As referências estatísticas contêm os dados sobre o custo dos activos fixos em 1990-1995 em rublos, o que torna impossível a comparação.

Apesar dos índices crescentes de activos fixos das empresas agrícolas na Ucrânia, não se pode, portanto, falar sem ambiguidade de uma evolução positiva no que respeita à existência e reprodução reais de activos permanentes durante o período em estudo. A confirmação desta observação foi obtida a partir da análise dos índices de reprodução e movimento dos activos fixos nas empresas agrícolas da Ucrânia (Quadro 13).

Tabela 13*

Evolução dos índices de reprodução e de movimento dos activos fixos das empresas agrícolas ucranianas

Índice de	2000	2005	2010	2014	2014 em % em relação a 2000
recibos	0,03	0,09	0,07	0,11	366,7
reforma	0,11	0,12	0,06	0,08	72,7
incremento	0,29	0,74	1,26	1,33	458,6
deterioração	0,48	0,51	0,41	0,34	70,8
aplicabilidade	0,52	0,49	0,59	0,66	126,9

* Fonte: Calculado de acordo com (Osaulenko, 2014; Zhuk, 2015).

Analisando os índices de movimento e reprodução dos activos permanentes, verificamos que durante o período 2000-2009 houve mais activos fixos diminuídos do que entrados na empresa. A situação começou a melhorar ligeiramente a partir de 2010. Apenas metade do ativo fixo disponível era aplicável ao longo de 2000-2005. Um terço dos activos fixos permanece deteriorado em 2014 e, consequentemente, dois terços são viáveis para utilização posterior no processo de produção.

O processo de formação e reprodução dos activos fixos pode ser realizado à custa do recebimento de fundos para as empresas a partir de fontes internas e externas. Como se sabe, as fontes internas de reprodução de activos fixos nas empresas agrícolas são o lucro e a dedução amortizada. Os activos permanentes reproduzidos a partir das suas próprias fontes são principalmente utilizados de forma mais eficiente. As caraterísticas positivas das fontes próprias de reprodução de activos fixos são a rapidez e a facilidade de atração, a elevada eficiência devido à taxa de lucro do capital investido, o baixo risco de insolvência e falência da empresa quando é utilizado, a preservação completa da gestão nas mãos dos fundadores da empresa.

Considerando os resultados financeiros da eficiência das empresas agrícolas, devemos notar que em 2010 30,4% das empresas agrícolas não eram rentáveis, em 2014 metade menos, apenas 15,2% (Zhuk, 2015). É bastante óbvio que a reprodução alargada de activos fixos por lucro não é viável para estas empresas; a dedução amortizada também perde a sua importância.

A amortização é uma importante fonte interna de reprodução de activos fixos. Além disso, pode ser diretamente utilizada para a reprodução de activos permanentes, aumentar o custo de produção, reduzindo assim o peso total do imposto sobre o rendimento.

A quota de amortização acumulada pelas empresas agrícolas da Ucrânia durante o período em estudo é caracterizada pela tendência de diminuição, mas não distinta. Por exemplo, em 2000, a amortização na estrutura das despesas operacionais das empresas agrícolas constituía 5,8%, em 2005 3,8% e em 2014 já 5,4% (Zhuk, 2015). Acreditamos que o montante da amortização não é suficiente para garantir a reprodução dos activos fixos das empresas agrícolas envolvidas num negócio de equilíbrio. Por conseguinte, as fontes externas de reprodução dos activos permanentes adquirem importância nestas circunstâncias.

As despesas de investimento são consideradas como a principal fonte externa de reprodução dos activos fixos. De acordo com o Professor G. Cherevko, para assegurar um nível suficientemente elevado de investimento na reprodução de activos fixos das empresas agrícolas, é necessário melhorar substancialmente o clima de investimento no sector agrícola para o tornar potencialmente atraente para os investidores nacionais e estrangeiros. Um clima de investimento favorável e a estimulação dos processos de investimento por meio de influência indireta é a principal tarefa do Estado, uma vez que os fundos estatais diretos devem ser atribuídos apenas aos programas de financiamento a nível estatal (Cherevko, 2006).

Ao analisar os investimentos de capital no sector agrário da Ucrânia, devemos salientar que são muito baixos para um sector tão importante da economia como o sector agrícola. Em 2010, os investimentos de capital no sector agrário totalizaram 11311 milhões de UAH ou 6%. UAH ou 6%. Em 2014, os investimentos de capital no sector agrário totalizaram 18388 milhões de UAH. UAH. Trata-se de 8,4% do investimento de capital em todos os tipos de atividade económica, o que não é suficiente para resolver nem mesmo os problemas mais urgentes. O baixo investimento no sector agrícola indica a falta de prioridade do seu desenvolvimento em comparação com outras actividades económicas. De acordo com os estudos efectuados pelos cientistas do Centro Científico Nacional "Instituto de Economia Agrária", o desenvolvimento do sector agrícola deveria ser financiado com, pelo menos, 50 milhões de UAH. UAH para o desenvolvimento do sector agrícola e das zonas rurais na Ucrânia todos os anos. É também de notar que, em 2014, 86% do investimento em activos fixos das empresas agrícolas se destinaram ao reequipamento técnico e à reconstrução dos activos permanentes existentes e apenas 14% à construção e aquisição de novos activos.

Os investimentos estrangeiros são importantes para o desenvolvimento do sector agrícola e das zonas rurais da Ucrânia. Infelizmente, os investimentos diretos estrangeiros na agricultura e no desenvolvimento rural caracterizam-se por uma tendência para diminuir. Assim, se em 2010 ascenderam a 680,4 milhões de dólares, em 2014 ascenderam a 594,1 milhões de dólares. $, em 2014 ascenderam a 594,1 milhões. $, ou seja, diminuíram 12,7%. Isto significa que a confiança dos investidores estrangeiros diminuiu. Há uma baixa proporção de investimentos estrangeiros diretos na agricultura e no desenvolvimento rural na estrutura dos investimentos estrangeiros diretos em todas as actividades económicas. Em 2010 e 2014, este índice era de 1,7% e 1,3%, respetivamente. Acreditamos que esta situação é um bom exemplo da ausência de um clima de investimento favorável no sector agrícola do país.

Ao analisar os activos fixos do sector agrícola, é necessário prestar atenção à oferta de tecnologia (quadro 14), uma vez que o equipamento é a principal componente da parte ativa dos activos permanentes e tem uma influência decisiva no processo de produção. Por exemplo, devido à sua disponibilidade e condições técnicas, o cultivo de plantas depende de uma lavoura completa e atempada, da sementeira e da colheita, etc.

Tabela 14*

Dinâmica da disponibilidade dos tipos básicos de tecnologia no sector agrícola da Ucrânia

Tipo de máquina	1990	1995	2000	2005	2010	2014	2014 em % de 1990
Tractores, milhares de unidades.	497,3	441,7	318,9	216,9	151,3	130,8	26,3
Ceifeiras-debulhadoras, milhares de unidades.	105,2	85,9	65,2	47,2	32,8	27,2	25,9
Corncombines , milhares de unidades.	15,3	12,0	7,9	4,8	2,5	1,8	11,8

Colhedoras de batatas, milhares de unidades.	9,6	6,8	3,6	1,9	1,7	1,3	13,5
Levantadores e extratores de beterraba, milhares de unidades.	19,8	18,3	13,0	8,5	4,2	2,7	13,6
Arrancadores de linho, milhares de unidades.	4,8	3,2	1,7	1,0	0,5	0,2	4,2
Unidades e equipamento para vacas leiteiras, milhares de unidades.	79,2	58,7	33,5	16,8	10,9	10,5	13,3

* Fonte: Calculado de acordo com (Zhuk, 2015).

Depois de analisar o fornecimento dos principais tipos de tecnologia ao sector agrário da Ucrânia em 1990-2014, verificamos que existe uma clara tendência para a diminuição de todos os tipos de tecnologia. Assim, o número de tractores em 2014, em comparação com 1990, diminuiu 73,7%, a quantidade de ceifeiras-debulhadoras de cereais, milho e batata diminuiu 74,1%, 88,2% e 86,5%, respetivamente, o número de ceifeiras-debulhadoras de beterraba diminuiu 86,4%, o número de arrancadores de linho diminuiu 95,8% e as unidades necessárias para ordenhar vacas diminuíram 86,7% durante o período em análise, etc. Estes dados indicam que o equipamento técnico da produção agrícola é deficiente, o que afecta a eficiência do sector agrícola.

Concluiu-se que o fornecimento de activos permanentes ao sector agrário da economia ucraniana não é satisfatório, uma vez que estes ocupam uma pequena parte da estrutura de activos fixos em todas as actividades económicas. Além disso, tende a diminuir. Um terço dos activos fixos existentes está depreciado, o que afecta negativamente a qualidade da sua utilização; a deterioração dos activos fixos está à frente da sua renovação; em muitos casos, não existe sequer um processo de reprodução simples dos activos permanentes. No entanto, a situação mais desastrosa parece-nos ser o declínio da aquisição de tecnologia que constitui a parte ativa de todos os activos fixos. Sabemos que a divisão dos activos fixos em activos e passivos é feita para determinar a sua estrutura genérica. É consensual que o tipo de estrutura mais progressivo e eficaz é aquele que apresenta uma maior proporção da parte ativa dos activos fixos em condições semelhantes. Isto significa que, neste caso, a estrutura dos activos fixos pode ser caracterizada como ineficaz, o que afecta negativamente o processo de produção no sector agrícola.

5. Análise da esfera social da aldeia

Durante o último quarto de século, têm vindo a desenvolver-se gradualmente tendências negativas na infraestrutura social da aldeia, cuja principal tarefa é criar (apoiar) as condições gerais para as necessidades pessoais da população rural. Os resultados mais visíveis são o envelhecimento do parque habitacional, a redução dos equipamentos socioculturais, o agravamento da segurança das aldeias e o estado dos serviços de engenharia, com exceção das redes de gás.

As caraterísticas especiais dos serviços sociais e culturais dos habitantes das zonas rurais são a distribuição territorial e a escassez de serviços relevantes para o público consumidor. Entre os principais problemas, há que assinalar o baixo nível da base material e técnica, a falta de pessoal, a ausência de unidades em muitas aldeias, a escassez de fundos para assegurar o bom funcionamento das instituições e o desenvolvimento da sua rede.

A qualidade de vida é em grande parte determinada pelo nível de habitação com as comodidades modernas, que é um dos factores mais importantes que caracterizam as condições de habitação da população.

Em 2014, as habitações rurais na Ucrânia ascendiam a 378 milhões de m^2 da área total e, em comparação com 1990, registaram um aumento de 8,7%. O parque habitacional rural constitui 39,1% da estrutura das propriedades residenciais da Ucrânia. Devido à diminuição do número da população rural, a dimensão da área total de habitação rural per capita é caracterizada por uma tendência para aumentar. Assim, em 1990 era de 20,7 m^2 , e em 2014 de 28,6 m^2 . Deve-se notar que, em comparação com a aquisição de espaço vital para os residentes urbanos, 4,3 m^2 ou 26,2% per capita foi atribuído a um morador rural em 1990; 8,8 m^2 ou 44,4% em 2014 (Zhuk, 2015). Os residentes rurais de Kiev (46,1 m^2 por 1 habitante rural), Chernihiv (39,5 m^2) e Vinnytsia (34,6 m^2) foram os que mais beneficiaram de habitação em 2014. Os residentes das regiões de Chernivtsi (12,9 m^2), Donetsk (15,9 m^2) e Luhansk (17,2 m^2) estavam entre os menos seguros (Zhuk, 2015).

O reequipamento anual dos edifícios residenciais com diferentes tipos de instalações melhora a qualidade dos alojamentos. No entanto, o problema do reequipamento do parque habitacional rural continua a ser uma questão atual (quadro 15).

Quadro 15

Dinâmica do arranjo da habitação rural

Índice	2000	2005	2010	2014	Desvios na estrutura de 2014 para 2000, ponto percentual
Percentagem do espaço habitacional total equipado com: sistema de abastecimento de água, %	17,9	20,0	27,1	33,4	15,5
sistema de esgotos, %	12,9	15,7	23,2	29,9	17,0
sistema de aquecimento, %	18,3	24,4	36,1	53,1	34,8
fornecimento de gás natural, %	82,5	84,1	84,5	84,2	1,7
água quente, %	4,3	5,4	11,5	21,0	16,7

* Fonte: Calculado de acordo com (Zhuk, 2015).

Depois de analisar a dinâmica do equipamento do espaço habitacional rural total com vários tipos de instalações, verificamos que existe uma clara tendência para o aumento da proporção de equipamento das habitações com comodidades. No entanto, apenas o apetrechamento do espaço habitacional com gás natural pode ser considerado suficiente. Além disso, o equipamento da habitação rural com todos os outros tipos de instalações é deficiente. Assim, apenas metade das habitações rurais está equipada com aquecimento, quase um terço dispõe de abastecimento de água e esgotos, apenas 21% têm água quente, etc.

Apesar do aumento do número de habitações rurais com abastecimento de água e aquecimento, o número de aldeias equipadas com este tipo de instalações está a diminuir (Quadro 16).

Tabela 16*

Dinâmica de planeamento e organização dos serviços públicos nos aglomerados rurais da Ucrânia

Índice	2000	2005	2010	2014	2014 em % em relação a 2000
Número de povoações que têm / são: sistema de abastecimento de água, unidades	6651	6360	6298	4709	70,8
esgotos, unidades	841	746	727	530	63,0

abastecido com gás natural e liquefeito, unidades	7596	10318	13965	14733	194,0
fornecido apenas com gás liquefeito, unidades	19297	16306	12836	9981	51,7

* Fonte: Calculado de acordo com (Zhuk, 2015).

Assim, durante o período 2000-2014, o número de aldeias com abastecimento de água e esgotos diminuiu 29,2% e 37%, respetivamente; o abastecimento de gás às aldeias aumentou 94%. 51,9% das povoações rurais, num total de 28388, foram abastecidas com gás natural e liquefeito em 2014; 16,6% dispunham de sistema de abastecimento de água e apenas 1,9% de sistema de esgotos.

A razão para a diminuição do fornecimento de um sistema de água funcional nas aldeias é o encerramento do abastecimento de água das aldeias, que anteriormente funcionavam com o apoio das empresas agrícolas. Tendo-o perdido, as condutas de água deixaram de funcionar. A população das zonas mais rurais utiliza a água das fontes locais; além disso, o seu controlo de qualidade é insuficiente. Ao mesmo tempo, a Ucrânia tem 1323 aldeias, cujos habitantes (850 mil pessoas) utilizam água importada (Kliuchnyk, 2013).

66 mil km de linhas de abastecimento de água e 4,5 mil km de linhas de esgotos, 30% dos quais disponíveis nas zonas rurais (21 mil km e 1,2 mil km, respetivamente), já ultrapassaram o seu tempo de vida útil e encontram-se em mau estado, pelo que estão sujeitos a grandes reparações ou substituições, que, por sua vez, têm consequências imediatas de custo financeiro significativo. A deterioração da amortização das redes e estruturas de engenharia nas regiões varia entre 50 e 70%.

Atualmente, na Ucrânia, não se presta a devida atenção ao abastecimento seguro e controlado de água às comunidades rurais. O volume de construção de sistemas de abastecimento de água diminuiu de 1670 km em 1990 para 115 km em 2014. A fim de evitar catástrofes antropogénicas e epidémicas nas zonas rurais, que estão relacionadas com a má qualidade da água potável, a eliminação atempada do estado de emergência das caldeiras e das redes de aquecimento urbano, o abastecimento de água e o saneamento, satisfazer as necessidades da população e do complexo familiar nos serviços de habitação de acordo com os requisitos e normas estabelecidos pelo Ministério da Política Agrária e da Alimentação da Ucrânia, foi introduzido um programa orçamental "Reforma e desenvolvimento de instalações comunitárias nas zonas rurais".

No âmbito deste programa, os serviços públicos rurais da associação "Ukrainian rural utilities" asseguram a manutenção de rotina e de capital das infra-estruturas de engenharia da habitação rural e dos serviços comunitários, a sua reconstrução e reequipamento técnico, a aplicação de tecnologias de poupança de energia (substituição de equipamentos, caldeiras, bombas com baixo índice de desempenho por equipamentos mais eficientes, com menor consumo de energia e capacidade material), o reforço da base material e técnica das indústrias de serviços e a criação de novas unidades de assistência, manutenção e reparação de instalações de habitação, assegurando assim o seu bom funcionamento no país. Para implementar este programa, os fundos são afectados anualmente pelo orçamento do Estado. Mas o financiamento do governo é limitado e, por conseguinte, as unidades de empresas de serviços públicos rurais ucranianas abastecem cerca de 30% de todas as povoações rurais com abastecimento de água centralizado e eliminação de resíduos.

A cobertura das crianças das comunidades rurais por instituições pré-escolares também influencia a qualidade de vida da população rural (Quadro 17).

Tabela 17*

Dinâmica da disponibilidade e cobertura das crianças que vivem nas zonas rurais da Ucrânia em instituições pré-escolares

Índice	1990	1995	2000	2005	2010	2014	2014 em % de 1990
Número de instituições, milhares de unidades.	12,6	10,9	8,9	8,4	8,9	9,3	73,8
Número de lugares, milhares de unidades.	615	551	285	283	315	329	53,5
Número de crianças, milhares de pessoas.	551	314	159	192	261	310	56,3
Grau de cobertura de crianças com instituições, % do número de crianças de idade apropriada	43	28	18	27	32	41	95,3
Número de crianças nas escolas por cada 100 lugares, pessoas.	90	57	56	68	83	94	104,4

* Fonte: Calculado de acordo com (Zhuk, 2015).

Tendo analisado a dinâmica da disponibilidade e cobertura de crianças que vivem nas zonas rurais da Ucrânia com instituições pré-escolares em 1990-2014, vemos que havia 9300 instituições de ensino pré-escolar para 329 mil lugares nos assentamentos rurais da Ucrânia em 2014. Em comparação com 1990, o número de instituições pré-escolares diminuiu 26,2%, o número de lugares 46,5%, enquanto o número de crianças também diminuiu 43,7% em 2014. A cobertura de crianças de certa idade em instituições pré-escolares diminuiu 4,7%, e o número de crianças nelas por 100 pessoas aumentou 4,4%.

Os problemas da educação escolar nas zonas rurais continuam a ser prementes. Resultam das dificuldades gerais actuais: económicas, demográficas e sociais. Uma das consequências dos problemas económicos e demográficos é o facto de, em 2014, terem entrado em funcionamento escolas secundárias para 1075 alunos, o que representa apenas 1,8% da mesma taxa em 1990 (Zhuk, 2015). As dificuldades que a educação escolar experimenta nas zonas rurais são também causadas pelas últimas mudanças nas regras de financiamento escolar. As escolas eram financiadas pelo orçamento do Estado, que agora depende dos orçamentos locais, o que pode levar ao subfinanciamento e, consequentemente, ao possível encerramento de algumas escolas. Consideramos que o encerramento de escolas é inaceitável, uma vez que podem surgir problemas adicionais, como o reencaminhamento de crianças e professores para outros estabelecimentos de ensino, a ocorrência de inconvenientes no trânsito, o atraso na chegada às escolas, o absentismo escolar, o agravamento da qualidade do conhecimento, etc.

Um dos factores que caracterizam o nível de cuidados médicos dos aldeões é a sua acessibilidade territorial e material às instalações médicas. A situação médica atual é caracterizada pela falta de serviços hospitalares e móveis para prestar aos pacientes até mesmo os primeiros socorros. Isto significa que os pacientes que residem nas zonas rurais não têm a possibilidade de receber a assistência médica necessária a tempo e de confirmar oficialmente a presença de uma doença. Se em 1990 foram postos em funcionamento estabelecimentos médicos com 781 camas nas zonas rurais, em 2014 este número era de 15 camas - ou seja, menos do que em 52. Em 1990, foram postos em funcionamento ambulatórios para 6376 visitas por turno, e em 2014 para 366 visitas por turno - ou seja, 17 vezes menos (Zhuk, 2015). É necessário salientar outra questão importante, como a falta de pessoal médico altamente qualificado que esteja disposto a trabalhar nas unidades de saúde das zonas rurais.

A organização das actividades de lazer da população, a resolução dos problemas sociais, o desenvolvimento da arte popular estão intimamente relacionados com a presença de objectos de significado cultural (Quadro 18).

Ao analisar a dinâmica da presença de objectos culturais na Ucrânia rural, é necessário salientar que durante 1990-2014 não houve uma tendência positiva de desenvolvimento cultural das zonas rurais. Esta observação é confirmada pelo facto de o sistema de clubes de instituições culturais rurais ter diminuído 27,1%, de o número de visitas a filmes ter diminuído 2000 vezes em 2014 em relação a 1990 e de o número de manifestantes de filmes ter diminuído 6,2 vezes.

A base material e técnica da rede de distribuição e exibição de filmes nos centros comunitários é 90% obsoleta e desactualizada. Atualmente, mais de 40% dos centros comunitários, museus e quase dois terços das escolas de arte rurais necessitam de reparações profundas. Nas regiões de Donetsk, Zaporizhia, Odessa e Poltava, este número ultrapassa os 50%. O aquecimento dos alojamentos das instituições culturais durante o período outono-inverno representou 10-15% das necessidades. Na maioria das regiões, grande parte das casas de cultura das aldeias não são aquecidas ou não estão em pleno funcionamento no inverno. Nas regiões de Zhytomyr, Transcarpathian, Zaporizhia, Mykolaiv, Khmelnytsky e Cherkasy, este valor é superior a 80%.

Tabela 18*

Dinâmica da presença de objectos culturais na Ucrânia rural

Índice	1990	1995	2000	2005	2010	2014	2014 em % de 1990
Número de bibliotecas de massas e universais, milhares de unidades	18,7	18,0	15,7	15,1	14,9	13,5	72,2
Biblioteca, milhões de exemplares	188	168	151	146	138	116	61,7
Número de manifestantes de filmes, milhares de unidades	22,2	13,6	5,9	2,5	1,6	0,8	3,6
Visitas ao cinema por ano, milhões de vezes	200	15	2	1	0,4	0,1	0,1
Número de instituições culturais do tipo clube, milhares de unidades	21,0	19,8	17,7	16,8	16,5	15,3	72,9
bancos, moinho.	4,8	4,6	4,3	4,0	3,9	3,5	72,9

* Fonte: Calculado de acordo com (Zhuk, 2015).

A rede de bibliotecas rurais, que se destinam a satisfazer as necessidades da população rural em diversos suportes, diminuiu 27,8% em 2014, em comparação com 1990, e o stock de bibliotecas diminuiu 38,3%. Em 2014, o maior número de bibliotecas estava concentrado nas regiões de Lviv, Vinnytsia, Odessa, Ternopil e Zhytomyr.

A difícil situação do sector da cultura nas zonas rurais é um reflexo do mau estado geral dos serviços sociais nas zonas rurais da Ucrânia. E isto deve-se ao facto de o nível de vida ser muito mais baixo nas zonas rurais do que nas grandes cidades. Uma percentagem muito menor da população rural tem acesso aos serviços culturais. De acordo com as estatísticas, as famílias rurais gastam, em média, 3,5 vezes menos dinheiro em necessidades culturais do que as famílias das cidades e, em particular, 7 vezes menos em serviços culturais.

Todos os factores acima mencionados têm um impacto negativo no funcionamento adequado das instituições culturais rurais, bem como na prestação de serviços culturais públicos aos habitantes das zonas rurais. Alguns problemas podem ser resolvidos através da aplicação das disposições sociais da lei ucraniana "sobre a cultura", nomeadamente a formação da rede principal, os pacotes de compensação e as condições de vida dos trabalhadores culturais rurais, etc.

Ao descrever o desenvolvimento das zonas rurais na Ucrânia, é de notar que as auto-estradas estão em mau estado e requerem investimentos significativos. Nas últimas duas décadas, a construção de novas estradas nas zonas rurais, bem como as medidas de manutenção das estradas existentes em bom estado, quase não foram praticadas, o que afectou negativamente a qualidade de vida nas zonas rurais e a eficiência dos veículos. Os camiões com motores a gasolina que transportam mercadorias ao longo das estradas pavimentadas que necessitam de manutenção gastam mais 20% de combustível em estradas de terra, 30-40% mais combustível quando as estradas de terra estão secas e o consumo de combustível aumenta quando se está em estradas de terra intransitáveis ou fora de estrada (Kotelianets, 2007).

Considera-se um passo positivo para a resolução do problema do declínio das zonas rurais a implementação e o bom funcionamento de um programa abrangente de desenvolvimento social das zonas rurais sob o título "Casa privada" na região de Chernivtsi durante 2007-2011. De acordo com a resolução da sessão do Conselho Regional de Chernivtsi, o programa manteve-se em vigor em 20122015. Assim, no decurso de 2012, o fundo regional de Chernivtsi para apoiar a construção de habitações individuais nas zonas rurais financiou 17 contratos de empréstimo num total de 1445 mil UAH. Tratava-se de acordos de crédito para a construção de habitações, a compra de casas de habitação, a reconstrução e a conclusão da construção, a gaseificação. No total, em 2012, o Fundo registou 1055 recursos para a obtenção de empréstimos bonificados, num total de 60,8 milhões de UAH. UAH.

Desde o início de 2013, o Fundo assinou 17 contratos de empréstimo com os habitantes das zonas rurais. Em 2013, foram financiados 14 contratos de crédito: 3 para concluir a construção de habitações, 10 para construir habitações e 1 para reconstruir uma casa. Foram reembolsados 733,2 mil UAH de empréstimos pelos mutuários, quando tinham sido projectados 678,6 mil UAH. Não se registaram dívidas em atraso ao Fundo.

No período 2006-2013, o Fundo levantou 8,8 milhões de UAH. UAH; foram celebrados 189 contratos de empréstimo para habitação com juros de 3% ao ano em UAH.

De acordo com a resolução aprovada do programa do Conselho Regional, 7550 mil UAH constituíam o montante necessário para conceder empréstimos aos promotores imobiliários rurais para resolver os problemas de habitação nas aldeias da região de Chernivtsi em 2013. De todas as fontes de financiamento foram criados de facto créditos no montante de 626,7 mil UAH. O nível médio do valor da execução do programa para um valor definido em 2013 foi de 12%.

De acordo com o programa validado "Casa privada", 108 casas deveriam ter sido construídas em 2013, mas 14 casas de habitação foram parcialmente financiadas. Isto significa que o programa foi executado em 13%.

No decurso de 2013, o fundo registou 635 apelos dos residentes rurais para obterem empréstimos bonificados do governo ao abrigo do programa "Casa Privada", num total de 40,1 milhões de UAH. UAH.

Durante o período de vigência, o programa "Casa Privada" ganhou grande popularidade entre a população rural, uma vez que proporcionava empréstimos a longo prazo a partir dos orçamentos de todos os níveis e de fontes alternativas de financiamento, com juros de 3% ao ano. No caso de o mutuário ter três filhos menores no momento da assinatura do contrato, foi-lhe concedido um empréstimo sem juros. A "Casa Privada" não só contribui para melhorar as condições de habitação nas zonas rurais, mas também para criar novos postos de trabalho e aumentar os impostos e as receitas do orçamento regional (administração regional de Chernivtsi). Consideramos oportuno recomendar o desenvolvimento de programas semelhantes noutros domínios da vida comunitária em toda a Ucrânia.

Assim, o estado atual das infra-estruturas sociais e económicas das zonas rurais na Ucrânia exige investimentos financeiros significativos. O agravamento da crise económica nas zonas rurais e o subfinanciamento a longo prazo dos serviços sociais podem levar à ameaça de destruição física e ao declínio total das suas capacidades materiais e técnicas.

A experiência dos países desenvolvidos mostra que a criação e o desenvolvimento de aldeias e da produção agrícola é impossível sem resolver os problemas sociais dos habitantes das zonas rurais, o nível adequado das suas competências e cultura, a motivação material e moral para a atividade laboral e social.

O nível atual extremamente baixo das infra-estruturas sociais cria condições prévias reais para a deterioração da situação sociodemográfica nas zonas rurais. Acreditamos que estes problemas não podem ser ultrapassados sem a intervenção direta do Estado através do financiamento de programas sociais específicos de desenvolvimento rural.

6. Conclusões e perspectivas de estudos futuros

A análise que efectuámos permite afirmar que as zonas rurais da Ucrânia se caracterizam por um elevado potencial de recursos naturais - terra, floresta e água. Desde que sejam utilizados eficazmente, podem tornar-se a base para o desenvolvimento económico das zonas rurais. No entanto, atualmente, os recursos naturais da Ucrânia rural são, na sua maioria, utilizados de forma ineficaz. A maior parte da Ucrânia rural é dotada de um formidável potencial histórico, cultural e natural de recreio, necessário para o bom funcionamento das infra-estruturas turísticas.

No decurso do estudo, assistimos ao agravamento do potencial de vida das aldeias ucranianas e a uma redução significativa da população rural. A esperança de vida dos habitantes das zonas rurais é baixa, com tendência para diminuir. A crise demográfica agrava-se todos os anos e é acompanhada por uma diminuição do número de aldeias e da sua população. O potencial de emprego da população rural está a diminuir, principalmente devido à diminuição da sua base natural, que é o número da população rural em idade ativa. Além disso, verifica-se uma redução do emprego em todos os sectores de atividade económica nas zonas rurais, e a taxa de desemprego da população rural economicamente ativa caracteriza-se por uma clara tendência ascendente. O êxodo migratório dos jovens rurais para as cidades e para o estrangeiro está ainda em curso.

Os salários na agricultura são os mais baixos de todos os sectores da economia. O problema da pobreza também se está a agravar e o nível de vida dos camponeses está a diminuir. O nível atual de consumo alimentar per capita é significativamente inferior às normas científicas.

O desenvolvimento das infra-estruturas sociais praticamente parou, e o nível de bem-estar público existente na maioria dos casos não satisfaz as exigências modernas. Os serviços domésticos quase não existem nas aldeias. A oferta de creches, escolas, ambulatórios, centros comunitários e bibliotecas é insatisfatória. A acessibilidade da população rural aos serviços de carácter social é reduzida anualmente, a sua seleção e qualidade pioram.

O atual apoio estatal às zonas rurais como critério para a criação de condições que garantam o seu desenvolvimento equilibrado é caracterizado pela utilização do princípio da sistematização incompleta na sua organização, ou seja, é realizado de forma esporádica e inconsistente. Além disso, não são cumpridos os requisitos da legislação ativa relativos à manutenção do sector agrícola no financiamento dos programas governamentais de desenvolvimento rural. O apoio estatal ao desenvolvimento da esfera social da aldeia é praticamente inexistente.

Tendo em conta o que precede, o problema do desenvolvimento socioeconómico das zonas rurais tornou-se um problema nacional e exige a modernização da política social nacional a todos os níveis hierárquicos. O seu objetivo é uma solução global. O desenvolvimento das zonas rurais deve ser o principal objetivo da política agrária da Ucrânia. As principais medidas para assegurar o desenvolvimento equilibrado das zonas rurais devem incluir

- realização de um papel multifuncional do sector agrícola na sociedade através de programas especiais, tomando como base o programa SAPARD, utilizado pela União Europeia;
- certificação das zonas rurais;
- introduzir nas zonas rurais os padrões urbanos de qualidade de vida;
- reestruturação da administração pública no sector agrícola a todos os níveis e do governo das aldeias;
- desenvolvimento e implementação de programas de apoio ao desenvolvimento de cooperativas de crédito agrícola;
- desenvolvimento e implementação de programas de infra-estruturas sociais e de engenharia da aldeia, construção compacta integrada e melhoria das zonas rurais;
- desenvolvimento e aplicação da segurança ambiental e da proteção do ambiente, etc.

Durante a integração da Ucrânia na União Europeia, há razões para esperar que a Ucrânia desenvolva ativamente as infra-estruturas de mercado para as explorações agrícolas. Isto significa que o Estado promoverá a venda de produtos agrícolas, incluindo a recolha, o processamento e a divulgação de informações sobre o mercado, e apoiará igualmente o desenvolvimento de infra-estruturas nas zonas rurais, incluindo a construção de estradas, redes de abastecimento de energia e estruturas de recuperação de terras (Kobuta, 2009). No futuro, o apoio estatal deverá também abranger investimentos em capital humano nas zonas rurais, proteção ambiental, zonas desfavorecidas, etc.

A segurança do investimento do desenvolvimento equilibrado das zonas rurais deve ser feita à custa dos orçamentos estatais e locais, dos investimentos privados nacionais e estrangeiros e dos fundos das comunidades rurais. Os executivos devem abranger todas as povoações rurais. Na condição de a Ucrânia se tornar membro da União Europeia, o programa de desenvolvimento rural será cofinanciado em 50% do orçamento da União Europeia. Atualmente, este modelo está disponível para aplicação entre os países membros da UE e o sistema de apoio é emprestado a todos os Estados da UE segundo as mesmas regras e procedimentos.

Referências

1. Zhuk, I. (Eds.) (2015) *Agricultural Ukraine - Statistical Yearbook for 2014*. Kiev: Serviço Nacional de Estatística da Ucrânia.

2. Honcharenko, I. (2008) Retrospetiva da formação das regiões rurais da Ucrânia. *Economia regional*, (3) pp. 204-209.

3. Prisiazhnyy, M. (2011) Estudos sócio-geográficos das zonas rurais na Rússia. *Jovem Cientista*, (4) pp. 127-133.

4. Kurdiumov, S. (1990) *As leis da evolução e auto-organização de sistemas complexos*. Moscovo: Delo.

5. Nazarov, V. (1991) *Doutrina da macroevolução*. Moscovo: Nauka.

6. Nosonov, A. (2001) *Sistema territorial da agricultura (aspectos económicos e geográficos do estudo)*. Moscovo: Yanus-K.

7. Razumov, V. (1998) A propedêutica filosófica da construção de modelos de qualidade. *Metodologia e métodos das ciências naturais: Ensaios Coleccionados*, (2) pp. 75-100.

8. Hubeni, Yu. (2007) Desenvolvimento rural: alguns aspectos da teoria e da prática europeias. *Economia da Ucrânia*, (4) pp. 62-69.

9. Dudar, T. (2010) Sistema de revitalização das zonas rurais - desenvolvimento sustentável do sector agrícola. *A transformação da agricultura e das aldeias: Collected Essays*, pp. 77-85.

10. Onyshchenko, O. e Yurchyshyn, V. (2006) Rural Development: Fundamentals of methods and organization. *Economia da Ucrânia*, (7) pp. 5-12.

11. Kliuchnyk, A. et al. (2013) *Rural Development in the context of international cooperation*. Mykolaiv: Design and Printing.

12. Cherevko, G. (2012) Caraterísticas da atual fase de formação da base material e técnica da agricultura da Ucrânia. *Problemas organizacionais, económicos e jurídicos da agricultura e das zonas rurais: Collected Essays*, pp. 55-61.

13. Kalinchyk, M. (2010) A reforma da agricultura até ao último habitante da aldeia. *Agrocompass*, (1) pp. 8-14.

14. Malik, M. (2010) Condition and problems of sustainable rural development. *A transformação da agricultura e das aldeias: Collected Essays,* pp. 69-76.

15. Bohynia, D. (2005) Transformation processes in the system of national labor market: the institutional dimension. *Ucrânia: aspectos do trabalho,* (1) pp. 3-8.

16. Diiesperov, V. (2006) *Agricultural labor productivity.* Kyiv: NRC IAE.

17. Sulima, N. (2001) Caraterísticas do emprego produtivo, legislação laboral e formação do mercado de trabalho na agricultura. *Boletim Científico NAU: Ensaios Coleccionados,* (34) pp. 298-301.

18. Bohira, M. (2008) *Land use in market conditions: environmental and economic aspect.* Lviv: LNAU.

19. Krysak, A. (2010) Assegurar institucionalmente a utilização das terras agrícolas: especificidade e contradições do período moratornoho. *Economist,* (8) pp. 33-37.

20. Mykhasiuk, I. e Kosovych, B. (2002) *The regulation of land relations.* Lviv: LNU o nome I. Franka.

21. Saiko, V. (2007) Os efeitos da reforma agrária e a prevenção de erros na utilização das terras na Ucrânia após o levantamento da moratória sobre a venda de terras. *Actas do Centro Científico Nacional "Instituto de Agricultura": Ensaios Coleccionados,* pp. 3-9.

22. Tretiak, A. (2009) *Anthology of land relations, land management, land cadastre, land protection and land use economics in Ukraine.* Kiev: TOV "TSZRU".

23. Shchuryk, M. (2007) Financiamento do ambiente de reprodução dos recursos fundiários do sector agrícola da macrorregião dos Cárpatos. *Ukraine Finance,* (3) pp. 67-74.

24. Sharyi, H. (2010) A Administração Estatal das terras agrícolas, que impede a utilização de instrumentos altamente eficazes e fiáveis para as proteger? *Gazeta do agrimensor,* (5) pp.1218.

25. Mohylova, M., Pidlisetskyi, G. e Bilousko, Ya. (2012) Problemas económicos da criação e reprodução de activos fixos na agricultura. *A economia do complexo agroindustrial,* (1) pp. 55-61.

26. Pidlisetskyi, G. e Mohylova, M. (2010) Melhorar a reavaliação dos activos fixos do sector agrícola no sistema de jogo. *Economia do complexo agroindustrial,* (12) pp. 41-47.

27. Oliinyk, O. e Kalashnikova, T. (2012) Apoio estatal às empresas agrícolas de apoio logístico. *A economia do complexo agroindustrial*, (7) pp. 95-100.

28. Petrykov, O. (2011) Vire o carro - obtenha um desconto num novo. *Correio do Governo,* (3).

29. Levytska, I. (2010) *Reprodução de activos fixos: Teoria e prática.* Ternopil: TzOV "Terno-graf".

30. Sabluk, P. et al. (2011) Doutrina nacional de reforma e desenvolvimento do complexo agroindustrial da Ucrânia (projeto). *A economia do complexo agroindustrial*, (4) pp. 3-6.

31. Bitter, O. (2009) Apoio estatal ao desenvolvimento de empresas agrícolas. *Boletim Científico da Universidade Nacional de Chernivtsi: Ensaios Coleccionados,* (494) pp. 5256.

32. Zhuk, I. (Eds.) (2015) *Statistical Yearbook of Ukraine for 2014.* Kiev: Serviço Nacional de Estatística da Ucrânia.

33. Osaulenko, O. (Eds.) (2014) *Statistical Yearbook of Ukraine for 2013.* Kiev: Serviço Nacional de Estatística da Ucrânia.

34. Zhuk, I. (Eds.) (2015) *Adição de fertilizantes minerais e orgânicos para culturas agrícolas em 2014 - Boletim Estatístico.* Kiev: Serviço Estatal de Estatística da Ucrânia.

35. Ukraine in figures - Statistical Yearbook for 2014 (2015), em Zhuk I. (Eds.), Serviço Estatal de Estatística da Ucrânia, Kiev, 235 p.

36. Cherevko, G. (2006) *Government regulation of the economy in agriculture.* Kyiv: Znannia.

37. Kotelianets, V. (2007) O fator transporte na agricultura. *A economia do complexo agroindustrial*, (10) pp. 93-95.

38. Administração estatal regional de Chernivtsi, disponível em: http://oblrada.cv.ua/ [Acedido em 10 de janeiro de 2016].

39. Kobuta, I. (2009) A política de apoio estatal à agricultura dos membros da OMC. *A economia do complexo agroindustrial*, (12) pp. 132-136.